Karin Iden

Eingelegtes

zum Verschenken & Genießen

Hölker Verlag

5 4 3 2 1

ISBN 3-88117-573-3

Grafik: Steffi Bartsch

Redaktion: Christiane Leesker

© 2002 Verlag W. Hölker GmbH, Münster

Printed in Italy

Inhalt

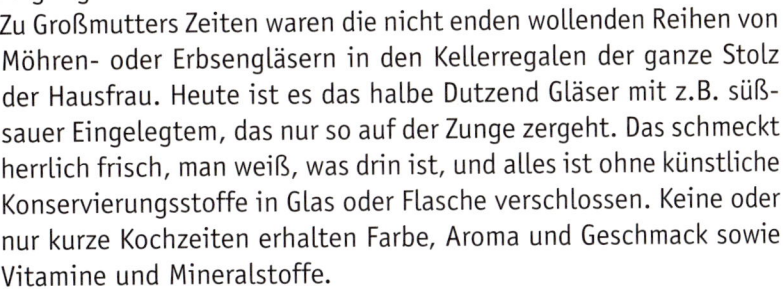

Familie und Gäste mit etwas Einmaligem, Unverwechselbarem zu überraschen und zu erfreuen: Das ist es! Ein zarter Rosenlikör wird als Aperitif gereicht, leuchtend bunte eingelegte Paprikaschoten werden zu Antipasti, die selbst gepflückten Wildfrüchte in Alkohol veredeln die Vanillecreme zum Nachtisch. Das fantasievolle Einlegen von Obst, Gemüse und Käse in Essig oder Öl, das Aromatisieren von Essigen und Ölen oder die Likörzubereitung sind ein kreativer Spaß, der mehr Vergnügen als Arbeit bereitet.

Zu Großmutters Zeiten waren die nicht enden wollenden Reihen von Möhren- oder Erbsengläsern in den Kellerregalen der ganze Stolz der Hausfrau. Heute ist es das halbe Dutzend Gläser mit z.B. süßsauer Eingelegtem, das nur so auf der Zunge zergeht. Das schmeckt herrlich frisch, man weiß, was drin ist, und alles ist ohne künstliche Konservierungsstoffe in Glas oder Flasche verschlossen. Keine oder nur kurze Kochzeiten erhalten Farbe, Aroma und Geschmack sowie Vitamine und Mineralstoffe.

Nicht nur für das eigene leibliche Wohl sind diese Produkte aus der heimischen Küche ein Schatz, sie eignen sich auch besonders gut als selbst gemachtes Mitbringsel.

Viel Spaß und gutes Gelingen wünscht

5

Wissenswertes rund ums Einlegen

Wer Obst und Gemüse aus saisonalen Angeboten oder die Ernte aus dem eigenen
Garten verwerten will oder kleine selbst
gemachte Geschenke zur Hand haben möch-
te, kann z.B. Früchte in Zuckersirup, Essig oder
Alkohol einlegen.

Bei der sauren Methode wird als Konservierungsmittel nur Essigsäure verwendet, beim süß-sauren
Verfahren zusätzlich Zucker. Beide Stoffe haben
gemeinsam, dass sie bei ausreichender Konzentra-
tion die Entwicklung von Fäulnisbakterien, Schim-
melpilzen und Gärungserregern hemmen.

Was man alles einlegen kann

Obst und Gemüse

Das Ergebnis Ihrer Mühen kann nur so gut sein wie die Qualität der verwendeten Zutaten. Wann es die besten Angebote für die verschiedenen Obst- und Gemüsesorten gibt, können Sie dem Saisonkalender (Seite 17–19) entnehmen.

Obst und Gemüse, das Sie einlegen wollen, muss sehr frisch sein und möglichst am Tag der Ernte bzw. des Einkaufs verarbeitet werden. Es sollte reif, jedoch keinesfalls überreif oder welk sein und keine Faul- oder Druckstellen aufweisen.

Unerwartet große Mengen Obst oder Gemüse – vielleicht aus dem eigenen Garten –, die Sie nicht am gleichen Tag verarbeiten können, wandern vorbereitet (gewaschen, geputzt, entkernt, gegebenenfalls blanchiert usw.) in die Gefriertruhe. Das Einlegen kann dann, je nach Lust und Laune, zu einem späteren Zeitpunkt erfolgen.

Beim Vorbereiten sollten Obst und Gemüse stets vor dem Putzen, Entstielen, Schälen oder Zerkleinern gewaschen werden. Obst und Gemüse darf niemals im Wasser liegen bleiben. Gründlich kalt abbrausen und auf einem Sieb oder sauberen Küchentuch abtropfen lassen.

Dieser kleine Überblick zeigt Ihnen, welche Obst- und Gemüsesorten sich wofür am besten eignen:

☞ Für das süß-sauer Einlegen eignen sich: Äpfel, Aprikosen, Birnen, Mirabellen, Pfirsiche, Pflaumen, Quitten, Reineclauden; Blumenkohl, Gurken, Kürbis, Rote Bete, Tomaten, Zucchini, Zwiebeln.

☞ Für das Marinieren eignen sich: Artischocken, Auberginen, Blumenkohl, Brokkoli, grüne und weiße Bohnen, Schalotten, Pilze, Zucchini, Zwiebeln.

☞ Für das Einlegen in Alkohol eignen sich: Ananas, Aprikosen, Birnen, Feigen, Pfirsiche, Pflaumen, Weintrauben.

Käse

Sie können Käse wie Obst und Gemüse einlegen. Das bekommt ihm richtig gut, denn die Lake, egal ob Öl oder Wein, macht ihn noch würziger. Die folgenden Sorten liegen gut in Wein und Öl:

☞ Weichkäse mit Schimmel und Rotschmiere oder gewaschener Rinde. Das sind Camembert, Ziegenmilchkäse, Romadur, Limburger und Munsterkäse.

☞ Feste, trockenere Frischkäse, auch Schafs- oder Ziegenfrischkäse.

☞ Sauermilchkäse wie alle Mainzer und Harzer Käse.

☞ Halbfeste Schnittkäse wie Butterkäse oder Tilsiter.

☞ Blauschimmelkäse wie Roquefort, Danablue und andere Edelschimmelkäse.

Reib- und Hartkäse sowie feste Schnittkäse eignen sich nicht zum Einlegen. Camembert, Munster oder Limburger immer erst einlegen, wenn Sie Ihrem Geschmack nach vollreif sind. Lassen Sie die Käse einfach bei Zimmertemperatur 1–2 Tage liegen, bevor Sie sie verarbeiten. Die Rinde sollte vorher nicht abgeschnitten werden.

Konservierungsmethoden

Was heißt konservieren? Konservieren bedeutet, Verderbliches davor zu bewahren, durch Mikroorganismen zerstört zu werden. Das kann durch Konservierungsmittel oder durch Sterilisieren erfolgen. Alkohol, Essigsäure, Salz und Zucker sind prächtige natürliche Konservierungsmittel, die sich für das Einlegen hervorragend eignen.

Konservieren mit Alkohol

Alkohol und Zucker bewirken gemeinsam, dass sich eingelagerte Früchte monatelang halten. Für das Einlegen in Alkohol sollten besonders aromatische, schöne Früchte verwendet werden. Zu den beliebtesten Rezepten mit dieser Methode gehört der Früchte-Rumtopf. Außer Rum sind auch andere Alkoholika von Obstler bis Wodka geeignet. Der Alkoholgehalt muss allerdings mindestens 40 Vol.-% betragen.

Konservieren mit Essig

Essig ist ein Würz- und Konservierungsmittel. Er entsteht durch Vergären alkoholischer Flüssigkeiten, z.B. Wein, Branntwein oder Apfelwein. Diese Essige sind mit gleich lautenden Namen im Handel. Wird also Wein als Ausgangsprodukt genommen, erhält man Weinessig, ebenso kann man aus mit Alkohol vergorenen Obstsäften Obstessig herstellen oder aus Sherry Sherryessig. Kräuteressig ist ein Branntweinessig, der mit Kräutern versetzt ist. Auf diese Weise können Sie auch leicht selbst Essige aromatisieren. Diese Essige haben gewöhnlich eine Essigsäure-Konzentration von 5–6 %.

Essigessenz ist eine synthetisch hergestellte, wasserhaltige Essigsäure (z.B. Surgit). Sie darf wegen ihres hohen Säuregehalts nicht unverdünnt verwendet werden. Der neutrale Geschmack der Essigessenz macht es möglich, verschiedene Essigsorten wie Wein- und Sherryessig, Obst- und Kräuteressig oder Himbeeressig individuell auch in kleineren Mengen aus Essigessenz immer frisch herzustellen. Denn während der gewöhnliche Haushaltsessig 5 % Säure und 95 % Wasser enthält, die Essigessenz aber 25 % Säure, kann das fehlende Wasser durch Aromaträger wie Wein, Branntwein, Obstsaft oder Sherry

ersetzt werden. Und es können mit Kräutern, Gewürzen oder auch Obst Spezialessige wie Orangenessig, Himbeeressig, Knoblauchessig und Basilikumessig für außergewöhnliche Dressings bereitet werden. Diese selbst hergestellten Essigsorten schmecken ganz besonders rein nach den jeweiligen Zutaten, weil die Essigessenz neben der Säure keinen weiteren Eigengeschmack hat. Und für bestimmte Zubereitungen, für die man zwar die Säure des Essigs braucht, die aber nicht durch allzu viel Flüssigkeit verwässert werden dürfen, ist die Essigessenz besonders vorteilhaft, z.B. für Chutneys oder Relishes.

Gurkenaufguss ist ein Spezialessig zum Einlegen von Gurken, Roten Beten, Mixed Pickles und Kürbis. Er enthält bereits Gewürze, Salz und Zucker und ist in unterschiedlichen Zubereitungen erhältlich.

Konservieren mit Öl

Öl bildet eine Schutzschicht auf dem Eingelegten. Dazu kocht man z.B. Gemüse in einer Essiglösung, lässt es danach abtropfen, gießt etwas abgeschmeckte, kalte Essiglösung darauf und „verschließt" alles mit Öl. In anderen Fällen wird nur Öl angegossen. Die Zutaten müssen dann immer ganz von Öl bedeckt sein und sollten im Kühlschrank aufbewahrt werden. Nach einigen Tagen sollte man den „Ölstand" noch einmal kontrollieren und, falls nötig, etwas Öl nachgießen. Für beide Konservierungsmethoden eignen sich alle geschmacksneutralen Öle von guter und sehr guter Qualität, so z.B. Maiskeimöl, Rapsöl, Sonnenblumenöl, Sojaöl und Olivenöl.

Konservieren mit Salz

Selbst gemachtes Sauerkraut ist ein kulinarisches Vergnügen und schmeckt viel milder und fruchtiger als solches aus Dose oder Glas. Auch andere Gemüse und Würzmittel wie Gurken, Kapern und Bohnen können mit Salz bestreut oder mit einer Salzlösung übergossen konserviert werden. Dazu reicht ein großes Glasgefäß oder ein Steinguttopf, ideal ist aber ein Gärtopf. Diese Töpfe sind aus glasiertem, hochgebranntem Steingut und haben eine spezielle Wasserrinne. Außerdem gehören Deckel und Beschwerungssteine dazu. Der Steinguttopf wird gefüllt, der Deckel wird aufgelegt und Wasser in die Rinne gegossen. Damit ist der Topf luftdicht abgeschlossen.

Konservieren mit Zucker

Zucker kennen Sie sicherlich als Konservierungsmittel für Marmeladen, Konfitüren, Gelees und eingekochte Früchte. Bei diesen Zubereitungen wird das Obst zusätzlich durch Hitze sterilisiert. Für das Einlegen wird Zucker immer in Verbindung mit Essig oder Alkohol verwendet.

Einmachzucker ist ein reiner Weißzucker, nur grobkörniger als normaler Haushaltszucker. Die größeren Kristalle lösen sich langsamer in Flüssigkeit als die des Raffinadezuckers. Die besonders klare Zuckerlösung ohne Schaum eignet sich z.B. für die Vorbereitung von Früchten, die in Alkohol eingelegt werden sollen.

Feinster Zucker ist eine sehr feine, gleichmäßige Raffinade. Er ist sehr leicht löslich, vielseitig verwendbar und z.B. auch ideal zum Einlegen von Früchten. Die feinen Kristalle dringen sofort in die Früchte ein, ohne die Oberfläche zu verletzen.

Weißer Kandiszucker. Die diamantähnlichen weißen Kristalle des Kandiszuckers werden aus hochwertigen Klären hergestellt (Kläre ist eine besonders reine, klare Zuckerlösung). Weißer Kandiszucker ist besonders geeignet zum Ansetzen selbst gemachter Liköre.

Brauner Kandiszucker. Dieser feinkörnige Spezialzucker wird aus braunem Kandissirup gewonnen, Karamell- und Bräunungsstoffe verstärken sein Aroma. Er wird für die Herstellung von Likören, Rumtöpfen und süß-sauer eingelegten Früchten verwendet.

Grundausstattung und Basiswissen

Für das Einlegen von Gemüse und Obst sowie die Likörzubereitung benötigen Sie keine komplizierten Gerätschaften. Wahrscheinlich ist in Ihrer Küche bereits alles Nötige vorhanden, so dass Sie sofort loslegen können:

- großes Schneidebrett
- je ein kleines und mittleres Küchenmesser
- Schüsseln
- Durchschläge (aus Edelstahl oder Kunststoff)
- feines Sieb
- Passiertuch
- Kirsch- und/oder Pflaumenentsteiner
- Stampfer, Pürierstab des Handrührgerätes oder Mixaufsatz der Küchenmaschine
- Kurzzeitmesser
- Küchenwaage
- Messbecher
- Topf aus Edelstahl (24 Zentimeter Durchmesser)
- Rührlöffel, Schaumkelle, Schöpfkelle
- Mörser (zum Mahlen von Gewürzen)
- Topflappen
- Geschirrtücher

Die richtigen Gläser

Welche Gefäße verwendet werden, hängt in erster Linie von der Größe des Haushalts und dem persönlichen Geschmack ab. Die schönen alten Steinguttöpfe sind meist recht groß und deshalb hauptsächlich für vielköpfige Familien geeignet. Weckgläser und Gläser mit Twist-off-Deckeln gibt es in verschiedenen Größen, Letztere sind ideal und oft auch dekorativ. Für das Abfüllen von Obst und Gemüse, das eingelegt werden soll, sind Twist-off-Gläser besonders praktisch und hygienisch. Auch für Früchte in Alkohol sind sie gut geeignet, jedenfalls zum Durchziehenlassen. Anschließend kann dann die Flüssigkeit in Flaschen umgegossen werden.

Bevor es an das Einlegen geht, sollten vorhandene Gläser, Deckel und die Gummiringe der Weckgläser auf ihren Zustand überprüft werden. Die verwendeten Gläser müssen einwandfrei sein. Am besten geeignet sind Gläser von 200 Millilitern (250 Gramm), 360 Millilitern (450 Gramm), 400 Millilitern (500 Gramm), 600 Millilitern (750 Gramm), 800 Millilitern (1000 Gramm) und 1000 Millilitern (1250 Gramm).

Für die Likörzubereitung brauchen Sie verschiedene Arten von Gefäßen: für das Ansetzen des Likörs weithalsige, gut verschließbare Fruchtsaftflaschen, am besten mit Twist-off-Verschluss; günstig sind auch große Twist-off-Gläser (von je 1 1/2 Liter) oder Weckgläser mit Bügelverschluss. Zum Aufbewahren nimmt man dekorative, kleinere Flaschen.

Sauberkeit ist Trumpf

Ganz gleich, für welche Gläser Sie sich entscheiden, sauber müssen sie sein. Ebenso das sonstige Zubehör. Die Gläser am besten in der Geschirrspülmaschine oder in heißem Wasser mit handelsüblichem Geschirrspülmittel säubern. Anschließend mehrmals mit klarem heißen Wasser nachspülen und gut abtropfen lassen. Gummiringe und Deckel in Essigwasser auskochen und mit klarem heißen Wasser nachspülen. Mit der Öffnung nach unten auf ein sauberes Geschirrtuch setzen und abtropfen lassen. Steinguttöpfe reinigt man am besten mit einer heißen 5-prozentigen Essigessenz-Lösung.

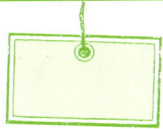

Etiketten sind praktisch

Damit jeder weiß, was sich in den Gläsern befindet und wann sie abgefüllt worden sind, sollten Sie die kleinen Schildchen, die diesem Buch beigefügt sind, mit Inhalt und Datum beschriften. Sie können darauf auch vermerken, nach welchem Rezept der Inhalt zubereitet wurde, wessen Lieblingsrezept es ist oder für wen Sie es gedacht haben.

Aufbewahrung und Lagerdauer

Die fertigen Gläser sollten trocken, luftig, dunkel, nicht kälter als 4 °C und nicht wärmer als 12–15 °C aufbewahrt werden. Der Keller oder die Speisekammer sind dafür, soweit vorhanden, genau richtig. Bei wärmeren Temperaturen verkürzt sich die Haltbarkeit. Und so lange sind Ihre Schätze bei idealer Zubereitung und Lagerung haltbar:

☞ Sauer Eingelegtes: 6–8 Monate
☞ Süß-sauer Eingelegtes: 6–8 Monate
☞ Eingelegter Käse: etwa 14 Tage
☞ Mariniertes Gemüse: im Kühlschrank etwa 1 Woche
☞ In Salz Eingelegtes: 2–3 Monate
☞ Gefilterter Essig: bis zu 1 Jahr
☞ Gewürzte Öle: 3–4 Monate
☞ In Alkohol Eingelegtes: mehrere Monate
☞ Liköre: mehrere Monate

Zwischendurch sollten Sie bei den eingelegten Köstlichkeiten überprüfen, ob die Deckel noch fest sitzen, Metalldeckel sich nicht wölben und das Einlegegut mit Flüssigkeit bedeckt ist. Bei eventueller Schimmelbildung muss das Einlegte entsorgt werden. Ganz wichtig: Den Inhalt immer mit sauberem Besteck aus dem Glas holen. Sonst können Bakterien die Haltbarkeit verringern.

Tipps und Tricks rund ums Einlegen

Wie bewahre ich Eingelegtes auf?

Platz für Ihre Schätze der eigenen Einlegekunst ist überall dort, wo es trocken, luftig, dunkel, kühl und auf alle Fälle frostfrei ist. So aufbewahrt hält sich der Vorrat bis zur nächsten Erntezeit. Angebrochene Twist-off-Gläser im Kühlschrank aufheben.

Geben Sie den Früchtchen Saures

Alle Früchte, die zu wenig Eigensäure haben, wie z.B. Süßkirschen, Hagebutten, Kürbisse oder Erdbeeren, bekommen durch Zitronensaft einen runderen Geschmack.

Gewürze müssen frisch sein

Verwenden Sie sie sparsam: Niemals sollten sie das Eigenaroma des Eingelegten übertönen. Die Gewürze sollten möglichst frisch sein. Die meisten, vor allem gemahlene und getrocknete, verlieren nach etwa einem halben Jahr ihre Würzkraft.

Kräuter müssen trocken sein

Kräuter, die Sie in Öl einlegen wollen, müssen unbedingt trocken sein. Am besten, Sie trocknen sie im Backofen bei 50–60 °C oder schnell in der Mikrowelle (1–2 Stiele 1 Minute bei 360 Watt). Feuchte Kräuter machen das Öl trübe und schon nach kurzer Zeit ungenießbar.

Kräuter und Gewürze bedeckt halten

Ob bei Kräuteressig oder -öl, die eingelegten Kräuter müssen immer ganz und gar mit Essig oder Öl bedeckt sein, d.h., wenn Essig oder Öl aus der Flasche gegossen wird, immer wieder etwas der entsprechenden Flüssigkeit nachgießen.

Saisonkalender

Wer die Einlegezeiten richtig nutzen will, sollte wissen, wann für die verschiedenen Früchte und Gemüse Saison ist. Nur dann können Sie richtig „zuschlagen" und sich wirklich die preisgünstigen Angebote herauspicken. Aus der Tabelle ist zu ersehen, von wann bis wann die einzelnen Obst- und Gemüsesorten geerntet werden.

 großes und preisgünstiges Angebot

 gutes Angebot

Obst-/Gemüsesorte	Jan.	Feb.	März	April	Mai	Juni	Juli	Aug.	Sept.	Okt.	Nov.	Dez.
Ananas	■	■	■	■	▨	▨	▨	▨	■	■	■	■
Äpfel	■	■	▨	▨	▨	▨	▨	▨	■	■	■	■
Artischocken	▨	▨	■	■	■			▨	■	■	■	▨
Bananen	▨	■	■	■	■	■	■	■	■	■	■	■
Birnen	▨	▨	▨	▨				■	■	■	■	■
Blumenkohl	▨	▨	▨	■	■	■	■	■	■	▨		
Bohnen, dicke	▨	▨	▨	▨	▨	■	■	■	▨			
Bohnen, grüne					▨	■	■	■	▨			
Bohnen, weiße						■	■	■	▨			
Brokkoli	▨	▨	▨	▨	▨	■	■	■	■	▨	▨	
Brombeeren							■	■	▨			
Champignons	▨	▨	▨	▨	■	■	■	■	■	■	■	■
Erdbeeren				▨	■	■	■	▨				

Saisonkalender

Obst-/Gemüsesorte	Jan.	Feb.	März	April	Mai	Juni	Juli	Aug.	Sept.	Okt.	Nov.	Dez.
Feigen									X	X	X	X
Fenchel	X	X	X	X	X	X	X	X	X	X	X	X
Grapefruits	X	X	X	X	X	X					X	X
Gurken zum Einlegen							X	X				
Hagebutten									X	X	X	
Heidelbeeren							X	X	X			
Himbeeren							X	X	X			
Holunderbeeren								X	X			
Johannisbeeren, rot							X					
Johannisbeeren, schw.							X					
Kirschen, sauer							X	X	X			
Kirschen, süß					X	X	X					
Kiwis	X	X									X	X
Kumquats	X	X	X	X	X	X	X	X	X	X	X	X
Kürbis								X	X	X	X	
Lauchzwiebeln						X	X	X				
Litschis											X	X
Mandarinen	X	X									X	X
Mangos	X	X	X	X	X	X	X	X	X	X	X	X
Melonen				X	X	X	X	X				

Saisonkalender

Obst-/Gemüsesorte	Jan.	Feb.	März	April	Mai	Juni	Juli	Aug.	Sept.	Okt.	Nov.	Dez.
Mirabellen						□	■	■	□			
Möhren				□	■	■	■	■	□			
Nektarinen				□	□	■	■	■	□			
Orangen	■	■	□	□						□	■	■
Papaya	■	□	□	□						□	■	■
Paprika	□	□	□			■	■	■	■	■	■	□
Pfifferlinge						■	■	■	■	■		
Pfirsiche						□	■	■	■	□		
Pflaumen							□	■	■	□		
Preiselbeeren								■	■	■		
Quitten	■	■							■	■	■	■
Reineclauden								■	■			
Schlehen									■	■	■	
Sellerie	■	■	■	□	□	□			■	■	■	■
Stachelbeeren						■	■	■				
Tomaten	□	□	□			■	■	■	■	■	□	□
Walnüsse									■	■	■	
Weintrauben	□	□	□	□	□	□	■	■	■	■	□	■
Zitronen	■	■	■	■	■	■	□	■	■	■	■	■
Zucchini	□	□	□	□	□	■	■	■	■	□	□	□

Marinierte Antipasti und eingelegter Käse

Nicht nur langzeitig Eingelegtes erfreut Sie selbst und Ihre Gäste, sondern auch marinierte Antipasti. Hierfür kommen diverse Gemüsesorten, wie z.B. Artischocken, Auberginen, Blumenkohl, Brokkoli, grüne und weiße Bohnen, Schalotten, Pilze, Zucchini und Zwiebeln, in Frage. Auch verschiedene Käsesorten wie Schafskäse, Mozzarella, Ziegenkäse und Frischkäse eignen sich zum Marinieren. Aus dem Angebot der marinierten Gemüse- und Käsesorten kann ein komplettes Vorspeisen-Buffet entstehen, das Sie z.B. noch durch Parma- oder San-Daniele-Schinken und frische Früchte wie Feigen, Erdbeeren, Weintrauben oder Melonen ergänzen können. Da dem marinierten Gemüse nur relativ wenig Säure zugesetzt wird, ist es nur begrenzt haltbar. Es hält sich im verschlossenen Gefäß im Kühlschrank etwa 1 Woche, angebrochen etwa 2 Tage.

Buntes Gemüse in Öl

Ergibt etwa 1 Glas von 1 1/2 Liter

1 Zucchini (250 g), 1 gelbe Paprikaschote (220 g), 1 grüne Paprikaschote (220 g),
2 rote Paprikaschoten (400 g), Salz, 8 Knoblauchzehen, Saft von 1 Zitrone,
3/4 l kaltgepresstes Olivenöl

Zucchini putzen, in 1,5 Zentimeter dicke Scheiben schneiden. Paprikaschoten putzen, vierteln, Samen und weiße Trennwände entfernen. Alles 2 Minuten lang in Salzwasser kochen, danach sofort eiskalt abschrecken. Herausnehmen und gut abtropfen lassen. Knoblauchzehen schälen und halbieren.
Das vorbereitete Gemüse und den Knoblauch in ein großes heiß ausgespültes, abgetropftes Twist-off-Glas geben. Zitronensaft zufügen, Olivenöl angießen und das Glas verschließen. Vor dem Verzehr über Nacht im Kühlschrank durchziehen lassen.

Süß-saure Pilze in Öl

Ergibt 1 Glas von 750 Gramm

*500 g frische gemischte Pilze (Austernpilze, Maronenpilze, Pfifferlinge),
3 Knoblauchzehen, 1 rote Zwiebel, 200 ml Essigessenz (25 %), 1 EL Zucker, 1 TL Salz,
1 Lorbeerblatt, 1 TL eingelegter grüner Pfeffer, 1/2 l kaltgepresstes Olivenöl*

Die Pilze putzen. Knoblauchzehen und Zwiebel schälen, den Knoblauch ganz lassen, die Zwiebel in Ringe schneiden. 1 Liter Wasser mit Essigessenz, Zucker, Salz, Knoblauch, Lorbeerblatt und Zwiebelringen in einem Topf aufkochen und die Pilze darin 2 Minuten blanchieren. Den Topf vom Herd nehmen, den grünen Pfeffer zugeben und alles im Sud leicht abgedeckt über Nacht ziehen lassen. Die Pilze aus dem Sud heben und abtropfen lassen. In ein großes heiß ausgespültes, abgetropftes Twist-off-Glas füllen.
Den Essigsud durch ein feines Sieb seihen, das Lorbeerblatt und den grünen Pfeffer zu den Pilzen geben, den Sud wegschütten. Das Olivenöl über die Pilze gießen, das Glas verschließen und kühl stellen.

Übrigens
Frische Pfifferlinge aus Deutschland sind von Juni bis September zu haben. Importländer sind vor allem Polen, Tschechien und Österreich. Von guter Qualität sind gleichmäßig kleine und trockene Exemplare, die beim Durchbrechen knackig sind und angenehm duften. Roh schmecken sie pfeffrig-scharf. Pfifferlinge und auch andere Pilze halten sich im Gemüsefach des Kühlschranks zwischen zwei Tüchern, in einer Papiertüte oder einem Pappschälchen 1–2 Tage.

Bunte Paprikaschoten

Ergibt etwa 450 Gramm

*Je 1 rote, gelbe und grüne Paprikaschote (insgesamt 600 g),
2 Knoblauchzehen, 1 TL Essigessenz (25 %), 4 EL kaltgepresstes Olivenöl,
Salz, frisch gemahlener weißer Pfeffer*

Den Backofen auf 200 °C (Umluft 180 °C) vorheizen. Die Paprikaschoten putzen, halbieren, von Samen und weißen Trennwänden befreien. Mit der Wölbung nach oben in eine feuerfeste Form legen. Auf der mittleren Schiene des Backofens 30–40 Minuten backen. Paprika herausnehmen, mit einem feuchten Tuch bedecken und darunter auskühlen lassen. Die Schoten häuten, in große Stücke schneiden und in ein flaches Gefäß legen. Den Saft aus der Form auffangen. Die Knoblauchzehen schälen und fein hacken. Den Paprikasaft mit 2 Esslöffeln Wasser, Essigessenz, Knoblauch, Öl, Salz und Pfeffer verrühren und über die Paprika geben. Zugedeckt und kühl 5 Stunden oder über Nacht durchziehen lassen.

Auberginen in Öl

Ergibt 1 Glas von 1 Liter

1,5 kg Auberginen, Salz, 8 Knoblauchzehen, 4 Schalotten, 1/2 l Olivenöl, 5 Sardellenfilets,
1 Bund Oregano, 1 Bund Petersilie, 3 EL gehackte Mandeln, frisch gemahlener schwarzer Pfeffer

Auberginen waschen, vom Stielansatz befreien und längs in dünne Scheiben schneiden. Eine ovale Schale mit etwas Salz ausstreuen und die Auberginenscheiben schichtweise hineinlegen. Zwischendurch immer wieder mit Salz bestreuen. Zugedeckt 30 Minuten ziehen lassen. Knoblauchzehen und Schalotten abziehen und fein hacken. Etwas Olivenöl in einer Pfanne erhitzen, Knoblauch- und Schalottenwürfel darin unter Rühren glasig werden lassen, herausnehmen und beiseite stellen. Die Auberginenscheiben unter fließendem kalten Wasser abbrausen, sorgfältig trockentupfen. Erneut Öl in der Pfanne erhitzen, die Auberginenscheiben darin erst portionsweise von beiden Seiten anbraten, dann alle zusammen zugedeckt 15 Minuten bei kleiner Hitze schmoren. Sardellenfilets fein hacken. Oregano und die Petersilie abbrausen, trockentupfen, die Blättchen von den Stielen zupfen und ebenfalls hacken. Kräuter, Knoblauch- und Schalottenmischung, Sardellen und Mandeln mischen. Mit Salz und Pfeffer würzen. Auberginen aus der Pfanne nehmen, schichtweise in ein sauberes und trockenes Twist-off-Glas füllen, auf jede Lage etwas Würzmischung geben. Das restliche Olivenöl angießen, bis alles gut bedeckt ist. Das Glas verschließen und über Nacht in den Kühlschrank stellen. Mindestens 1 Stunde vor dem Verzehr herausnehmen, damit die Auberginen Zimmertemperatur annehmen.

Tipp
Auberginenscheiben zu kleinen Röllchen zusammengesteckt in das Glas legen.

Variante
Auf die gleiche Art können Sie auch Zucchini einlegen. Diese brauchen allerdings vor dem Braten nicht mit Salz entwässert zu werden.

Zucchini mit Zitronenmelisse

Ergibt etwa 450 Gramm

600 g junge Zucchini, 3–4 EL Olivenöl, Salz, frisch gemahlener weißer Pfeffer,
Saft von 1 Zitrone, 5–6 EL trockener Weißwein, 3 Stängel Zitronenmelisse

Die Zucchini putzen und in dünne Scheiben schneiden. Olivenöl in einer Pfanne erhitzen und die Zucchinischeiben darin von beiden Seiten goldgelb braten. Mit Salz und Pfeffer würzen, herausnehmen. Den Bratfond mit Zitronensaft und Weißwein ablöschen. Die Zucchinischeiben in eine flache Form legen und mit dem Bratfond begießen. Zugedeckt und kühl etwa 4 Stunden durchziehen lassen. Zum Anrichten mit gehackten Zitronenmelisseblättchen garnieren. Übrig gebliebene Zucchini im Kühlschrank aufheben und bald verzehren.

Variante
Sie können statt Zitronenmelisse auch Basilikum verwenden.

Weiße Bohnen mit Oregano

Ergibt etwa 450 Gramm

200 g getrocknete weiße Bohnen, 1 mittelgroße rote Zwiebel, 1 kleines Lorbeerblatt,
2 Wacholderbeeren, 4 schwarze Pfefferkörner, Salz, frisch gemahlener weißer Pfeffer,
6–8 EL trockener Weißwein, 4 EL kaltgepresstes Olivenöl, 3 Stängel Oregano

Die Bohnen in einer Schüssel mit Wasser bedecken und 12 Stunden einweichen lassen. Die Zwiebel schälen. Die Bohnen abgießen, in einen Topf geben und mit frischem Wasser bedecken. Lorbeerblatt, Zwiebel, Wacholderbeeren und Pfefferkörner zufügen und das Ganze etwa 1–1 1/2 Stunden kochen.
Die Bohnen abgießen und sofort in eine Schüssel geben. Mit Salz und Pfeffer würzen, den Weißwein zugießen, alles vorsichtig umrühren und das Olivenöl darüber träufeln. Zugedeckt und kühl 4 Stunden durchziehen lassen. Zum Anrichten Oregano waschen, trockentupfen und die Bohnen mit den abgezupften Blättchen garnieren.

Varianten
Wenn es schnell gehen soll, können Sie auch Bohnen aus der Dose verwenden. Diese in 1/4 Liter Wasser erhitzen, dann abgießen und wie oben weiterverfahren. Rote und weiße Bohnen gemischt ergeben eine hübsche, zweifarbige Variante.

Marinierte Artischocken

Ergibt etwa 750 Gramm

8–10 sehr kleine Artischocken von je 40–70 g, Saft von 1 Zitrone, Olivenöl zum Braten,
6–8 EL Gemüsebrühe (Instant), 3 Sardellenfilets, 4 EL trockener Rotweinessig,
6 EL kaltgepresstes Olivenöl, Salz, frisch gemahlener weißer Pfeffer, 1 Prise Zucker

Die Artischocken waschen und trockentupfen, von der Spitze her um ein Drittel einkürzen. Den Stiel stutzen, die Hüllblätter rund um den Stielansatz abzupfen. Alle holzigen Teile vom Blütenboden zum Stielende hin abschneiden. Das Heu mit einer Teelöffelspitze entfernen. Jedes vorbereitete Artischockenherz sofort in eine Schüssel mit Zitronensaft und Wasser legen, damit es sich nicht verfärbt.
Das Olivenöl in einer Pfanne erhitzen, die trockengetupften Artischockenherzen darin goldgelb anbraten, mit der Brühe ablöschen und zugedeckt 5 Minuten garen. Herausnehmen und beiseite stellen. Die Sardellenfilets fein hacken, mit dem abgekühlten Artischocken-Bratfond, Rotweinessig und Olivenöl verrühren. Die Marinade mit Salz, Pfeffer und Zucker abschmecken und über die Artischockenherzen geben. Zugedeckt an einem kühlen Ort über Nacht durchziehen lassen.

Marinierte Oliven

Ergibt etwa 1 Glas von 500 Gramm

*400 g grüne oder schwarze Oliven, je 1 grüne und rote Chilischote, 4–5 Knoblauchzehen,
1 kleiner Stängel Rosmarin, 100 ml kaltgepresstes Olivenöl*

Die Oliven eventuell auf einem Sieb abtropfen lassen. Die Chilischoten putzen, halbieren, die Samen und weißen Innenhäute entfernen, die Hälften in dünne Streifchen schneiden. Die Knoblauchzehen schälen und halbieren oder vierteln. Den Rosmarinzweig abbrausen, trockentupfen, die Nadeln abzupfen und hacken.
Oliven, Chilistreifen, Knoblauch und Rosmarin in einem Gefäß mischen, mit dem Olivenöl begießen und umrühren. Zugedeckt an einem kühlen Ort über Nacht durchziehen lassen.

Tipp
Nach dem Putzen der Chilischoten sorgfältig die Hände waschen. Während des Putzens nicht mit den Fingern an Augen oder Nase kommen, es brennt höllisch!

Mozzarella und Pflaumen in Sherry

Ergibt 1 Glas von 450 Gramm

1 Mozzarella (ca. 150 g), 8–10 Kurpflaumen, 6 Pimentkörner, 10 weiße Pfefferkörner, 1 kleine Zimtstange, etwa 1/8 l Sherry (Amontillado)

Den Mozzarella je nach Anzahl der Kurpflaumen in 8–10 Stücke schneiden. Die Pflaumen mit den Mozzarellastücken füllen. Die gefüllten Pflaumen mit Piment, Pfeffer und Zimtstange in ein heiß ausgespültes, gut abgetropftes Twist-off-Glas geben. So viel Sherry darüber gießen, dass die gefüllten Pflaumen bedeckt sind. Das Glas verschließen und an einem kühlen und luftigen Ort etwa 3 Wochen durchziehen lassen.

Mozzarella in Grappa

Ergibt 1 Glas von 250 Gramm

3 Stängel frisches Basilikum, 1 Mozzarella (ca. 150 g), 2 Knoblauchzehen,
10 weiße Pfefferkörner, 2 TL Kapern, 1/8 l milder Grappa

Das Basilikum abbrausen und trockentupfen. Die Blätter von den Stielen zupfen und grob klein schneiden. Den Knoblauch schälen, die Zehen halbieren. Mozzarella, Basilikum, Knoblauch, Pfefferkörner und Kapern in ein heiß ausgespültes, gut abgetropftes Twist-off-Glas füllen. So viel Grappa dazugießen, dass alle Zutaten bedeckt sind. Das Glas verschließen und an einem kühlen und luftigen Ort etwa 3 Wochen durchziehen lassen. Je länger, umso pikanter wird der Käse.

Übrigens

Mozzarella wird traditionell aus Büffelmilch hergestellt. Diese ist allerdings rar und teuer, deshalb produziert man den Käse inzwischen meist industriell aus reiner Kuhmilch oder einer Mischung aus Kuh- und Büffelmilch. Für dieses Rezept sollten Sie versuchen, den echten Büffelmilch-Mozzarella zu bekommen.

Mozzarella-Kugeln in Rotweinessig

Ergibt 1 Glas von 500 Gramm

40 Mini-Mozzarella-Kugeln (ca. 300 g), 2 Knoblauchzehen,
1 Stück unbehandelte Zitronenschale,
1/2 Bund frischer Thymian, 1 kleiner Stängel Rosmarin,
1 TL schwarze Pfefferkörner, geschrotet,
3 EL Rotweinessig, 1/4 l Sonnenblumenöl

Die Mozzarella-Kugeln abtropfen lassen. Die Knoblauchlauchzehen schälen und halbieren. Die Zitronenschale in feine Streifchen schneiden. Die Kräuter abbrausen und trockentupfen, die Blättchen bzw. Nadeln abzupfen.
Die Mozzarella-Kugeln abwechselnd mit Knoblauch, Zitronenschale, Kräutern und Pfeffer in ein heiß ausgespültes, gut abgetropftes und abgekühltes Twist-off-Glas schichten. Den Rotweinessig zufügen, dann das Sonnenblumenöl langsam angießen. Das Glas verschließen und an einem kühlen und luftigen Ort 8 Tage durchziehen lassen.

Tipp
Die Mozzarella-Kugeln schmecken köstlich zu geröstetem Baguette oder einem frischen grünen Salat.

Frischkäsekugeln und Kirschtomaten mit Kräutern

Ergibt etwa 1 Glas von 1000 Gramm

2 Bund Schnittlauch, 1 Bund Basilikum, 600 g Doppelrahm-Frischkäse, frisch gemahlener weißer Pfeffer, 2 Spritzer Tabascosauce, 300 g Kirschtomaten, 5–6 EL Estragonessig, 1 TL Salz, 1 Prise Zucker, 1/4 l Rapsöl

Schnittlauch und Basilikum abbrausen und trockentupfen. Den Schnittlauch in feine Röllchen schneiden, die Basilikumblätter von den Stielen zupfen.

Frischkäse, Pfeffer und Tabasco in einer Schüssel miteinander verrühren. Mit einem Teelöffel kleine Portionen von der Masse abstechen und mit leicht angefeuchteten Händen kleine Bällchen formen. Diese im Schnittlauch wenden, dabei leicht andrücken. Die Käsekugeln über Nacht zugedeckt kühl stellen.

Die Kirschtomaten waschen, abtupfen und ringsherum mit einer Nadel einstechen. Käsekugeln und Tomaten in ein heiß ausgespültes, gut abgetropftes und abgekühltes Twist-off-Glas füllen, dazwischen die Basilikumblättchen legen.

Estragonessig mit 2 Esslöffeln Wasser, Salz und Zucker gründlich verrühren. Das Öl unterschlagen. Die Marinade über die Käsekugel-Tomaten-Mischung gießen. Das Glas verschließen und an einem kühlen und luftigen Ort 3 Tage durchziehen lassen.

Tipp

Die Frischkäsekugeln und Kirschtomaten machen sich hervorragend auf einem Buffet oder als Vorspeise. Dazu schmeckt frisches Fladenbrot.

Schafskäse in Öl

Ergibt 1 Glas von 1 Liter

*400 g Schafskäse (Feta), 1 Zweig frischer oder 1 EL getrockneter Rosmarin,
1 Zwiebel oder Schalotte, 3 frische oder getrocknete Chilischoten, 2 Lorbeerblätter,
je 1 EL weiße und schwarze Pfefferkörner, grob zerstoßen,
4 Wacholderbeeren, 1/2 l Olivenöl*

Den Käse in grobe Würfel oder dicke Scheiben schneiden. Frischen Rosmarin abbrausen, gut trockentupfen, die Nadeln von den Stängeln zupfen und hacken. Zwiebel oder Schalotte schälen und in Ringe schneiden. Frische Chilischoten waschen, aufschlitzen und von den Samen befreien. Die Lorbeerblätter etwas klein brechen. Die Käsewürfel oder -scheiben in ein großes Glas schichten. Jede Schicht mit Kräutern, Gewürzen und Zwiebel- oder Schalottenringen würzen. So viel Olivenöl angießen, dass alles gut bedeckt ist. Das Glas verschießen und kühl stellen. Nach 1 Woche darf probiert werden.

Tipp
Sie können immer wieder neue Schafskäsewürfel in das gewürzte Öl einlegen, sollten aber darauf achten, dass sie immer gut bedeckt sind.

Feuriger Schafskäse

Ergibt 1 Glas von 1 Liter

500 g Schafskäse, Saft von 1 Zitrone, 1 TL Rosenpaprika,
1 rote Chilischote, ca. 1/2 l kaltgepresstes Olivenöl

Den Schafskäse in etwa 2 Zentimeter große Würfel schneiden und mit Zitronensaft beträufeln. Die Käsewürfel in ein großes Twist-off-Glas füllen und mit Paprikapulver bestäuben. Die Chilischote waschen, längs halbieren, von Samen befreien, in sehr dünne Streifchen schneiden und diese über die Käsewürfel streuen. Olivenöl angießen, bis der Käse bedeckt ist. Alle Zutaten vorsichtig miteinander vermischen. Das Glas verschließen und an einem kühlen und luftigen Ort etwa 4 Tage durchziehen lassen. Zwischendurch hin und wieder vorsichtig umrühren.

Tipp
Wenn Sie es noch feuriger mögen, lassen Sie die weißen Samen in der Chilischote.

Ziegenkäse mit Kapern

Ergibt 1 Glas von 1 1/2 Liter

4–5 Knoblauchzehen, 500 g Ziegenrolle, 100 g eingelegte Kapern (Glas),
1 l kaltgepresstes Olivenöl

Die Knoblauchzehen schälen und in dünne Scheibchen schneiden. Den Ziegenkäse in Scheiben von etwa 1 Zentimeter Dicke schneiden. Die Käsescheiben in ein Twist-off-Glas schichten. Knoblauchscheibchen und Kapern samt Flüssigkeit darüber verteilen. Das Olivenöl angießen. Das Glas verschließen und an einem kühlen und luftigen Ort 2–3 Tage durchziehen lassen.

Roquefort mit Basilikum

Ergibt 1 Glas von 1 Liter

500 g Roquefort, 1 unbehandelte Orange,
1 kleines Bund Basilikum, 1/2 l Sonnenblumenöl

Den Roquefort in Scheiben schneiden und diese in ein Twist-off-Glas legen. Die Orangenschale abreiben und über den Käse streuen. Das Basilikum abbrausen und trockentupfen, die Blättchen von den Stielen zupfen und zum Käse geben. Das Sonnenblumenöl angießen und das Glas verschließen. An einem kühlen und luftigen Ort 2–3 Tage durchziehen lassen.

Tipp
Der eingelegte Roquefort schmeckt gut als Vorspeise zu geröstetem Toastbrot.

Majoran-Camembert

Ergibt 1 Glas von 1 Liter

2 Camemberts von je 125 g (55 % F.i.Tr.), 6 Stängel Majoran, 2 Knoblauchzehen,
1 Lorbeerblatt, 1 EL eingelegter grüner Pfeffer (Glas), 3/4 l Sonnenblumenöl

Die Camemberts in Achtel schneiden. Majoran abbrausen und trockentupfen, die Blättchen abzupfen. Die Knoblauchzehen schälen und in dünne Scheibchen schneiden. Das Lorbeerblatt in mehrere Stückchen brechen. Den grünen Pfeffer abtropfen lassen. Die Käsestücke abwechselnd mit Majoran, Knoblauch, Lorbeer und grünem Pfeffer in ein Twist-off-Glas schichten. Sonnenblumenöl angießen, bis alle Zutaten bedeckt sind. Das Glas verschließen und mindestens 2 Tage bei Zimmertemperatur durchziehen lassen.

Tipp
Zu dem eingelegten Camembert schmeckt Haferbrot besonders gut.

Eingelegtes Obst und Gemüse

Sauer macht nicht nur lustig, wie es sprichwörtlich heißt. Saures regt auch den Appetit an und macht fette Speisen leichter verdaulich. Gemüse wird durch das Einlegen in einen Sud aus Essig, Salz, Zucker und Gewürzen haltbar gemacht. Die meisten Gemüsesorten kann man sowohl sauer als auch süß-sauer einlegen. Sie sollten allerdings immer von bester, makelloser Qualität sein. Am aromatischsten ist Gemüse aus heimischer Freilandzucht. Wann Sie welche Sorten am besten verarbeiten, entnehmen Sie unserem Saisonkalender (Seite 17–19).

Bitte beachten Sie: Um etwas von dem Eingelegten aus dem Glas herauszunehmen, sollten Sie immer einen sauberen Esslöffel verwenden. Sonst besteht die Gefahr, dass das übrige Gemüse verdirbt. Eingelegtes Gemüse schmeckt ausgezeichnet als Beilage zu gebratenem Fleisch.

Kochbirnen süß-sauer

Ergibt 1 Glas von 1000 Gramm

1,25 kg kleine, feste Kochbirnen, etwas Zitronensaft, 1 Vanilleschote,
6 EL Essigessenz (25 %), 500 g Zucker, 1 Zimtstange, 2 Stück Sternanis,
1 Stück unbehandelte Zitronenschale, 1 TL Gewürznelken

Die Birnen schälen, dabei den Stiel nicht entfernen. Die Früchte rundherum mit einer Nadel einstechen und in eine Schüssel mit Wasser und etwas Zitronensaft legen, damit sie nicht braun werden.
Die Vanilleschote längs aufschlitzen. Essigessenz mit 1/2 Liter Wasser, Zucker, Vanilleschote, Zimt, Sternanis, Zitronenschale und Nelken in einem Topf aufkochen lassen. Die Birnen zufügen und 15–20 Minuten in der Flüssigkeit kochen. Den Topf dabei hin und wieder vorsichtig schwenken. Die Birnen mit einer Schaumkelle aus dem Sud heben und in ein heiß ausgespültes, gut abgetropftes Twist-off-Glas füllen. Den Sud durch ein Sieb gießen. Die Flüssigkeit noch einmal aufkochen und etwa 5 Minuten einkochen lassen, dann heiß über die Früchte gießen und das Glas verschließen. An einem kühlen und luftigen Ort aufbewahren.

Tipp
Eingelegte Kochbirnen bilden eine hervorragende Beilage zu gebratenem Fleisch.

Variante
Sie können statt des Zuckers auch 500 Gramm weißen Kandiszucker verwenden.

Zimtäpfel süß-sauer

Ergibt 1 Glas von 500 Gramm

10 kleine Äpfel (z.B. Ingrid Marie) von je 50 g, etwas Zitronensaft,
30 ml Essigessenz (25 %), 1/2 l Apfelsaft, 300 g brauner Zucker,
1 Zimtstange, 1 TL Gewürznelken

Die Äpfel schälen und achteln, dabei das Kerngehäuse entfernen. Die Apfelstücke in eine Schüssel mit Wasser und etwas Zitronensaft legen. Essigessenz mit Apfelsaft, Zucker, Zimtstange und Nelken in einem Topf aufkochen. Die Apfelstücke zugeben und in etwa 8 Minuten nicht zu weich garen. In ein heiß ausgespültes, gut abgetropftes Twist-off-Glas füllen und sofort verschließen. An einem kühlen und luftigen Ort aufbewahren.

Quitten in Weinessig

Ergibt etwa 3 Gläser von je 450 Gramm

*1 kg Quitten, 1 Vanilleschote, 1/2 l Weißweinessig,
400 g Einmachzucker, 2 Zimtstangen*

Die Quitten schälen und vierteln, dabei das Kerngehäuse entfernen. Die Viertel in Spalten schneiden. Die Vanilleschote längs aufschlitzen. 1/2 Liter Wasser mit Weißweinessig, Einmachzucker, Vanilleschote und Zimtstangen in einem Topf unter Rühren so lange kochen, bis sich der Zucker vollständig aufgelöst hat. Die Quitten zufügen und bei mittlerer Hitze in ca. 15 Minuten weich kochen. Quittenspalten mit einer Schaumkelle aus dem Sud heben und in heiß ausgespülte, gut abgetropfte Twist-off-Gläser füllen. Die heiße Flüssigkeit über die Früchte gießen und die Gläser locker verschließen. Über Nacht durchziehen lassen.
Am nächsten Tag den Sud abgießen, erneut etwa 5 Minuten kochen lassen und wieder über die Früchte gießen. Den Vorgang am nächsten Tag noch einmal wiederholen, dann die Gläser fest verschließen, an einem kühlen und luftigen Ort aufbewahren.

Tipp
Eingelegte Quitten eignen sich als Beilage zu Schweine- der Kasslerbraten.

Senffrüchte

Ergibt etwa 3 Gläser von je 450 Gramm

1 Stück Ingwerwurzel (ca. 2 cm), 250 g Zucker, 3/8 l Weinessig,
1/4 l Weißwein, 1 Vanilleschote, 1 Stück Zimtstange (ca. 3 cm), 6 Gewürznelken,
5 Scheiben Ananas aus der Dose, 125 g getrocknete Aprikosen,
125 g getrocknete Pflaumen, 75 g Rosinen, 2 EL Senfpulver

Den Ingwer schälen und fein würfeln. Mit Zucker, Weinessig, Weißwein, der längs aufgeschlitzten Vanilleschote, Zimtstange und Nelken in einen Topf geben, aufkochen und 5 Minuten bei kleiner Hitze kochen lassen.
Ananasscheiben abtropfen lassen und in Stücke von 1 Zentimeter Größe schneiden. Aprikosen und Pflaumen vierteln. Mit den gewaschenen und trockengetupften Rosinen in den Topf geben und bei kleiner Hitze 10 Minuten kochen. Vom Herd nehmen und zugedeckt 24 Stunden stehen lassen. Am nächsten Tag die Früchte auf ein Sieb geben. Die Flüssigkeit in einem Topf auffangen, erhitzen und bei kleiner Hitze 10 Minuten kochen lassen. Das Senfpulver einrühren. Die Früchte in heiß ausgespülte, abgetropfte Twist-off-Gläser geben und mit dem Sirup begießen. Die Gläser sofort verschließen. Senffrüchte halten sich bis zu 3 Monaten. Zum Entnehmen keinen Holzlöffel verwenden.

Tipp
Senffrüchte schmecken gut zu gebratenem Wild, zu Geflügel oder kalten Pasteten.

Knoblauch in Balsamico

Ergibt 1 Glas von 500 Gramm

2 frische Knoblauchknollen (etwa 200 g), 3 Stängel Rosmarin, 1/8 l weißer Balsamico, 200 ml trockener Weißwein, 2 EL Zucker, Salz

Die Knoblauchzehen schälen. Den Rosmarin abbrausen, trockentupfen, die Nadeln abzupfen. Balsamico und Weißwein mit 100 Millilitern Wasser, Zucker und Salz in einem Topf aufkochen. Die Knoblauchzehen hineingeben und etwa 3 Minuten kochen lassen. Dann die Rosmarinnadeln zufügen. Die Knoblauchzehen mit der Flüssigkeit in ein heiß ausgespültes, gut abgetropftes Twist-off-Glas füllen, sofort verschließen. An einem kühlen und luftigen Ort 3 Wochen durchziehen lassen.

Tipp

Die Beigabe von 1–2 in feine Streifen geschnittenen Chilischoten macht die Knoblauchzehen richtig scharf.

Champignons russisch

Ergibt 1 Glas von 500 Gramm

*500 g kleine Champignons, 2 Knoblauchzehen, 1/4 l Rotweinessig, 3 Gewürznelken,
5 weiße Pfefferkörner, 1 kleines Lorbeerblatt, 2 TL Salz, 4–5 EL Sonnenblumenöl*

Die Champignons putzen. Die Knoblauchzehen schälen und zerdrücken. Den Essig mit
1/8 Liter Wasser und allen Gewürzen in einem Topf aufkochen, den Knoblauch zugeben.
Die Champignons in dem Sud bei kleiner Hitze in 10–15 Minuten gar ziehen lassen. Hin
und wieder umrühren. Den Topf vom Herd nehmen und die Pilze im Sud abkühlen lassen.
Die Champignons mit der Schaumkelle aus dem Sud heben, in ein heiß ausgespültes,
gut abgetropftes Twist-off-Glas geben und mit wenig Sud begießen (den Rest wegschütten). Das Öl langsam zugießen. Mit dem Deckel verschließen und vor dem Verzehr
im Kühlschrank über Nacht durchziehen lassen.

Tipp
Die eingelegten Champignons eignen sich als pikante Beilage zu kaltem gebratenen
Fleisch, z.B. Rinderbrust, oder für ein kaltes Buffet.

Sherry-Schalotten

Ergibt 3 Gläser von je 500 Gramm

*1 kg Schalotten, 6 frische Salbeiblätter, 200 ml Sherryessig, 10 g Salz, 200 g Zucker,
4 Lorbeerblätter, 4 Nelken, 10 schwarze Pfefferkörner,
dünn abgeschälte Schale von 1 unbehandelten Orange, ca. 1/4 l trockener Sherry*

Die Schalotten abziehen, große Schalotten eventuell halbieren. Die Salbeiblätter abbrausen und trockentupfen. Essig und Salz mit 100 Gramm Zucker in einem Topf aufkochen lassen. Gewürze, Salbeiblätter, Orangenschale und Schalotten zugeben und darin 10 Minuten bei kleiner Hitze kochen lassen. Die Schalotten und die Gewürze mit einer Schaumkelle aus dem Sud heben und gut abtropfen lassen. Den restlichen Zucker in einem anderen Topf karamellisieren lassen. Den Topf vom Herd nehmen, Schalottenkochsud unter Rühren zugießen, bis sich die Karamellmasse gelöst hat. Schalotten und Gewürze hineingeben und 5 Minuten kochen lassen. Vom Herd nehmen, den Sherry zugießen und alles in heiß ausgespülte, gut abgetropfte Twist-off-Gläser geben, sofort verschließen.

Variante
Für Kräuter-Schalotten nehmen Sie statt Sherryessig Kräuteressig und statt Sherry 1 Packung italienische Tiefkühlkräuter.

Tomaten-Schalotten-Allerlei

Ergibt etwa 1 Glas von 1 Liter

*600 g Kirschtomaten, 250 g Schalotten, 2–3 mittelgroße Stängel Rosmarin,
3/8 l Weißweinessig, 1 EL Salz, 150 g Feinster Zucker*

Tomaten waschen und abtropfen lassen. Schalotten schälen und halbieren. Beides mit den gewaschenen und trockengetupften Rosmarinzweigen in ein heiß ausgespültes, gut abgetropftes Twist-off-Glas füllen. Essig mit 1/8 Liter Wasser, Salz und Zucker in einem Topf aufkochen lassen und heiß über das Gemüse geben. Das Glas verschließen und in die mit heißem Wasser gefüllte Fettpfanne des Backofens stellen. Die Flüssigkeit bei 200 °C (Umluft 180 °C) in 1 Stunde zum Perlen bringen. Danach im ausgeschalteten Backofen 1/2 Stunde sterilisieren. Das Glas im Backofen abkühlen lassen und an einem kühlen Ort lagern.

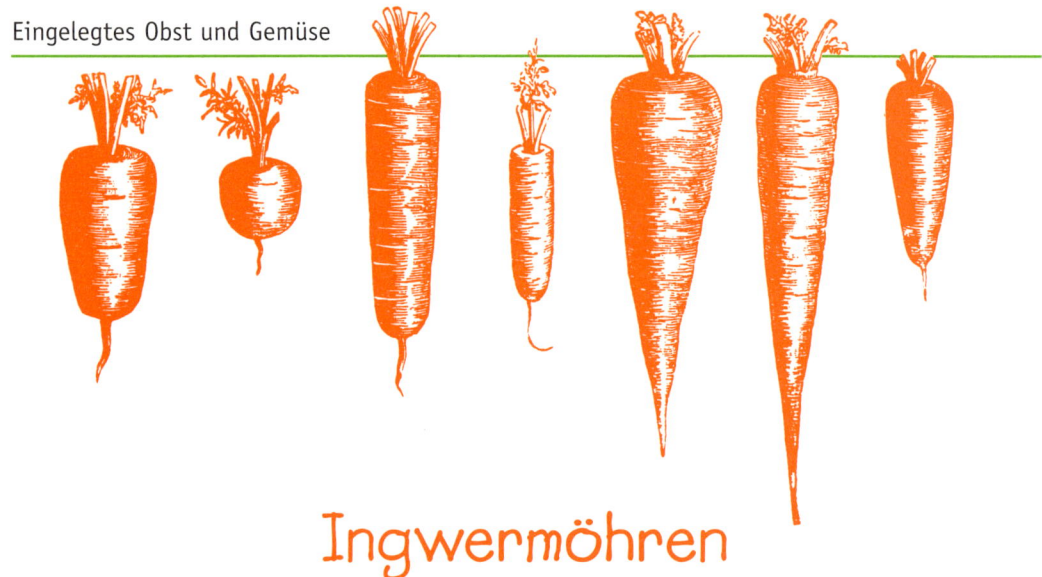

Ingwermöhren

Ergibt 1 Glas von 1 Liter

1 kg kleine Möhren, 12 EL Essigessenz (25 %), Salz,
150 g Zucker, 1/2 TL Ingwerpulver

Die Möhren putzen, schälen oder nur abschaben. In kaltem Wasser aufsetzen, kurz aufkochen lassen, auf ein Sieb geben und mit kaltem Wasser abschrecken.
Essigessenz, Salz, Zucker und Ingwer mit 3/8 Litern Wasser in einem Topf aufkochen, die Möhren zufügen und etwa 5 Minuten kochen lassen, so dass sie halbgar sind. Im Kochsud abkühlen lassen. Alles in ein heiß ausgespültes, abgetropftes Twist-off-Glas füllen, locker verschließen und im Kühlschrank 3 Tage durchziehen lassen. Den Essigsud abgießen, in einem Topf aufkochen und wieder über die Möhren geben. Das Glas erneut verschließen. An einem kühlen und luftigen Ort aufbewahren.

Tipp
Kleine Möhren gibt es im Handel manchmal unter der Bezeichnung Finger- oder Babymöhren zu kaufen.

Rote Bete mit Kümmel

Ergibt etwa 2 Gläser von 1 Liter

2 kg Rote Bete (kleine Knollen), 1/2 l Weinessig,
1 EL Salz, 120 g Zucker, 1 TL Kümmel

Die Rote-Bete-Knollen gründlich waschen und abtropfen lassen. In einem Topf mit Wasser bedeckt je nach Größe 20–30 Minuten garen. Mit einer Schaumkelle heben. Die Haut entfernen bzw. abziehen und die Knollen vierteln oder achteln.
Das Kochwasser durch ein feines Sieb gießen und 1/2 Liter davon abmessen. Wieder in den Topf gießen, Essig zufügen, mit Salz, Zucker sowie Kümmel würzen und aufkochen lassen. Die Rote Bete in heiß ausgespülte, gut abgetropfte Twist-off-Gläser füllen, die Flüssigkeit darüber gießen. Die Gläser sofort verschließen und kühl stellen.

Tipp
Wenn Sie nur sehr große Rote-Bete-Knollen bekommen können, sollten Sie diese in Stifte schneiden.

Variante
1 Teelöffel Korianderkörner zufügen. Auch eine etwa 10 Zentimeter lange, geschälte und in Stückchen geschnittene frische Meerrettichwurzel können Sie ungekocht mit in die Gläser schichten.

Übrigens
Wegen des intensiv roten Pflanzenfarbstoffs hielt man den Saft der Roten Bete lange Zeit für blutbildend. Heute weiß man um den Nährwert dieses Gemüses. Neben Zucker und Eiweiß enthält Rote Bete eine Reihe von Mineralstoffen wie Calcium, Kalium, Magnesium, Vitamine der B-Gruppe, Folsäure und Vitamin C.

Kürbis süß-sauer

Ergibt 4 Gläser von 500 Gramm

2,5 kg Kürbis, 1/2 l Weißweinessig, 1 Stück frische Ingwerwurzel, 1,2 kg Einmachzucker,
Saft von 1 Zitrone, 1 Stück unbehandelte Zitronenschale, 1 Stück Zimtstange

Kürbis schälen, entkernen, das Fleisch in 2 Zentimeter große Würfel schneiden und in
eine Schüssel geben. Essig mit 1/2 Liter Wasser in einem Topf aufkochen und über die
Kürbisstücke gießen. Zugedeckt über Nacht durchziehen lassen.
Die Ingwerwurzel schälen und in dünne Scheiben schneiden. Die Kürbisstücke auf ein
Sieb schütten und abtropfen lassen, das Essigwasser in einen Topf geben. Zucker,
Zitronensaft und -schale sowie Zimt zugeben und alles unter Rühren aufkochen lassen.
Die Kürbisstücke zugeben und in dem Sud glasig werden lassen. Nun mit einer Schaumkelle wieder herausheben und in heiß ausgespülte, gut abgetropfte Twist-off-Gläser
füllen. Die Zuckerlösung noch 5 Minuten leicht einkochen, dann über die Kürbisstücke
gießen und die Gläser verschließen.
Die Früchte in den Gläsern 3 Tage durchziehen lassen. Die Flüssigkeit abgießen, aufkochen und erneut über die Kürbiswürfel geben. Die Gläser wieder verschließen und an
einem kühlen und luftigen Ort lagern.

Tipp
Sie können die Zitronenschale und die Zimtstange in entsprechend viele Stücke
schneiden und auf die Gläser verteilen. Sie tun dem Kürbis gut.

Essiggurken

Ergibt 1 Glas von 1 1/2 Liter

1 kg kleine, feste Gurken, 30 g Salz, 200 g Perlzwiebeln, 1/2 l Weinessig,
1/2 EL Gurkengewürz, 130 g weißer Kandiszucker oder Einmachzucker, 1 TL Salz

Die Gurken waschen, mit einer Nadel mehrfach einstechen und in ein Gefäß füllen. Mit Salz bestreuen und kaltes Wasser angießen, bis die Gurken bedeckt sind. Zugedeckt über Nacht durchziehen lassen. Die Perlzwiebeln schälen. Am folgenden Tag das Salzwasser von den Gurken abgießen und diese zusammen mit den Perlzwiebeln in ein heiß ausgespültes, gut abgetropftes Twist-off-Glas geben.
Essig mit 1/4 Liter Wasser, Gurkengewürz, Zucker und Salz in einem Topf kochen, bis sich der Zucker aufgelöst hat. Diesen Sud über die Gurken-Zwiebel-Mischung gießen, das Glas locker verschließen und 3 Tage durchziehen lassen. Danach die Zuckerlösung abgießen, erneut in einem Topf aufkochen und wieder über die Gurken gießen. Das Glas gut verschließen und an einem kühlen Ort lagern.

Variante
1 Teelöffel schwarze Pfefferkörner, Dilldolden, Lorbeer und Knoblauch oder etwa 20 Gramm frisch geschälte Ingwerwurzel in die Essiglösung geben.

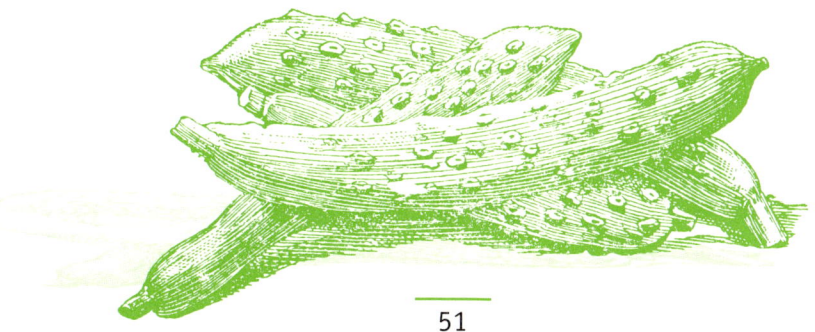

Zuckergurken

Ergibt 1 Glas von 1 Liter

*1 große, reife gelbe Gurke (etwa 1 kg sog. Schäl- oder Senfgurke),
1/4 l Weinessig, 375 g Einmachzucker, 1 Stück Zimtstange,
1 Stück Ingwerwurzel, 1/2 TL weiße Pfefferkörner*

Die Gurke waschen, schälen, halbieren und die Kerne mit einem Teelöffel entfernen. Die Hälften in fingerlange Stücke schneiden.

Essig mit Einmachzucker, Zimtstange, geschälter Ingwerwurzel sowie Pfefferkörnern in einem Topf aufkochen, bis der Zucker sich aufgelöst hat. Die Gurkenstücke dazugeben, aufkochen und ca. 8–10 Minuten garen. Sie sollen dann glasig, aber nicht weich sein. In ein heiß ausgespültes, gut abgetropftes Twist-off-Glas geben, mit der Zuckerlösung begießen und verschließen. Kühl und luftig 3 Tage durchziehen lassen.

Danach die Zuckerlösung wieder abgießen und nochmals aufkochen. Erneut über die Gurken geben und das Glas verschließen. An einem kühlen und luftigen Ort lagern.

Salzgurken

Ergibt etwa 1 Kilogramm

1 kg Einlegegurken (ca. 15 cm lang), 4 Dilldolden, je 5–6 Sauerkirsch- und Weinblätter, je 2 Stängel Basilikum und Estragon, 50 g Salz

Die Gurken unter fließendem kalten Wasser waschen und mit Wasser bedeckt über Nacht stehen lassen. Dilldolden, Kirsch- und Weinblätter, Basilikum und Estragon abbrausen und trockentupfen. Die Basilikum- und Estragonblätter von den Stängeln zupfen.

Alle Zutaten in einen Steinguttopf schichten, dabei mit den Kräutern beginnen und mit den Blättern obenauf abschließen. Das Salz in 3/4 Litern Wasser auflösen und über die Gurken gießen. Einen Teller umgedreht obenauf legen und mit einem Gewicht oder Stein beschweren. Den Topf mit Einmachfolie verschließen und mindestens 4 Wochen an einen kühlen Ort stellen, bevor das erste Mal probiert wird. Salzgurken halten sich 3 Monate.

Sauerkraut

Ergibt etwa 5 Liter

5 kg Weißkohl, 50 g Salz

Den Weißkohl von welken Blättern befreien. Die Köpfe vierteln, den Strunk keilförmig herausschneiden. Die Kohlviertel mit einem scharfen Messer oder einem Hobel in feine Streifen schneiden. Die Weißkohlstreifen schichtweise mit dem Salz in einen vorbereiteten Steinguttopf geben und jeweils einstampfen, so dass dabei immer ein wenig Flüssigkeit austritt und der Kohl im Topf davon völlig bedeckt ist. Dann mit einem umgedrehten Teller abdecken und mit einem Stein oder Gewicht beschweren. Den Topf mit Einmachfolie verschließen. Das Kraut an einem kühlen, dunklen Ort (etwa 15 °C) etwa 5 Wochen ruhen lassen.
Nach 2–3 Tagen den entstandenen Schaum abschöpfen.
Diesen Vorgang nach einer Woche und dann jeden zweiten Tag wiederholen. Den Topf immer wieder mit der Einmachfolie verschließen. Das Sauerkraut ist fertig, wenn sich kein Schaum mehr bildet. Sie können es im Steinguttopf aufbewahren oder in Twist-off-Gläser umfüllen.

Variante

Wer es würziger mag, kann noch 5 Lorbeerblätter, 1 1/2 Esslöffel Wacholderbeeren und 1 Teelöffel Senfkörner mit in den Topf geben.

Falsche Kapern mit Kräutern

Ergibt etwa 1 Glas von 1 Liter

*500 g grüne Blütenknospen von Kapuzinerkresse oder Sumpfdotterblume,
100 g Salz, je 2–3 Stängel Dill und Estragon, 1 EL weiße Pfefferkörner,
1/2–3/4 l Weißweinessig, 1 Prise Zucker*

Die grünen Knospen abbrausen, abtropfen lassen, in einem Gefäß mit Salz bestreuen und über Nacht zugedeckt durchziehen lassen. Danach auf ein Sieb geben, abbrausen und trockentupfen. Die Kräuter ebenfalls waschen und trockentupfen. Die Knospen zusammen mit den Kräutern in ein großes heiß ausgespültes, abgetropftes Glas geben. Den Pfeffer zufügen. Essig und Zucker verrühren, über die Knospen gießen und das Glas verschließen. An einem kühlen und luftigen Ort 4 Wochen durchziehen lassen.

Übrigens

Unter falschen Kapern versteht man entweder die grünen Knospen der Sumpfdotterblume (Caltha palustris), einer im Frühjahr sehr häufig auf feuchten Wiesen wachsenden Pflanze, oder aber die grünen Knospen der Kapuzinerkresse (Tropaeolum).

Würzige Essige, feine Öle und Pestos

Beim Einlegen von Kräutern und Gewürzen in Essig oder Öl geht es nicht darum, das Eingelegte haltbar zu machen, sondern Essig oder Öl fein zu aromatisieren. Es ist ganz einfach, und man braucht nur wenige Zutaten: Einwandfreie Kräuter, Gewürze, Essig oder Essigessenz von guter Qualität gehören dazu. Bei dem großen Angebot an verschiedenen Ölen können Sie zwischen geschmacksneutralen wie Sonnenblumen-, Soja- oder Rapsöl und bereits von Natur aus aromatischen, wie z.B. Olivenöl, wählen.

Da Öl und Kräuter lichtempfindlich sind, sollten Sie die Flaschen mit aromatisierten Essigen und Ölen zum Durchziehen an einen dunklen Platz stellen oder dunkle Flaschen verwenden. Für den Gebrauch oder zum Verschenken können Essig oder Öl in kleinere, dekorative Flaschen umgefüllt werden.

Pestos sind italienische Würzpasten, die u.a. zu Pastagerichten aller Art gereicht werden und so eine herrlich einfache sommerliche Mahlzeit bilden. Man kann sie auch zu Fleisch und Fisch reichen oder, mit geröstetem Landbrot oder Ciabatta, als Vorspeise.

So gelingt's

Die Flaschen müssen gut gereinigt, völlig trocken und gut verschließbar sein. Kräuter sollten vor der Blüte geschnitten werden. Die beste Erntezeit ist morgens, nachdem der Tau getrocknet ist. Um Schimmelbildung zu vermeiden, müssen alle Zutaten immer vollständig von Flüssigkeit bedeckt sein.

Gewürztes Öl sollte nach 2–3 Wochen abgefiltert werden. Lässt man Chilischoten zu lange im Öl, wird es zu scharf. Bleiben Knoblauchzehen zu lange im Öl, wird der Geschmack zu intensiv. Gewürzte Öle immer kühl aufbewahren.

Essig zieht innerhalb von 3 Wochen allen Geschmack aus den eingelegten Kräutern oder Gewürzen, so dass diese im Essig liegen bleiben können. Ausnahmen bilden Chilischoten, Beerenfrüchte, Zitronen- und Orangenschale – sie sollten nach 2 Wochen entfernt werden.

Kräuteressig

Ergibt etwa 1 Liter

1 Bund glatte Petersilie, Dill und Basilikum, 2 Knoblauchzehen, 1 l Weißweinessig

Die Kräuter nicht waschen, nur eventuell trockentupfen. Die Knoblauchzehen abziehen und mit den Kräutern in eine saubere, trockene weithalsige Twist-off-Flasche füllen. Den Weinessig angießen. Die Flasche verschließen und bei Zimmertemperatur mindestens 14 Tage stehen lassen. Zwischendurch hin und wieder schwenken. Dann den Essig durch ein feines Sieb oder ein sauberes Tuch seihen, in eine passende dekorative Glasflasche umgießen und diese verschließen.

Variante
Folgende Kräuter können Sie ebenfalls kombinieren: Melisse und Estragon; Dill, Estragon und Pimpinelle.

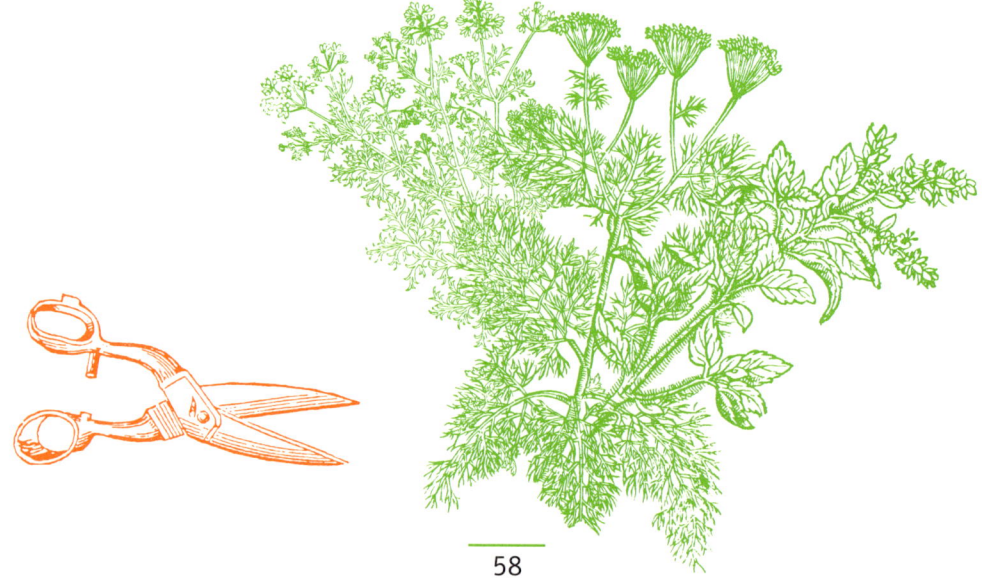

Provençalischer Kräuteressig

Ergibt etwa 1/2 Liter

1 Bund frische Kräuter der Provence (Oregano, Rosmarin, Estragon, Thymian),
2 Knoblauchzehen, 100 ml Essigessenz (25 %), 300 ml Weißwein

Die Kräuter nicht waschen, nur eventuell trockentupfen. Die Knoblauchzehen abziehen und mit den Kräutern in eine saubere, trockene weithalsige Twist-off-Flasche füllen. Essigessenz, 100 Milliliter Wasser sowie Weißwein verrühren und über die Kräuter gießen. Die Flasche verschließen und bei Zimmertemperatur mindestens 14 Tage stehen lassen. Zwischendurch hin und wieder schwenken. Dann den Essig durch ein feines Sieb oder ein sauberes Tuch seihen, in eine passende dekorative Glasflasche umgießen und diese verschließen.

Zitronenessig

Ergibt etwa 1 Liter

2 unbehandelte Zitronen, 1 l Weißweinessig

Die Zitronen waschen, trockenreiben und die Schale ohne das Weiße dünn abschälen. 1 Zitrone auspressen, die andere anderweitig verwenden. Die Zitronenschale in eine saubere, trockene weithalsige Twist-off-Flasche füllen, durchgeseihten Zitronensaft und Weißweinessig dazugießen. Die Flasche verschließen und bei Zimmertemperatur 8 Tage stehen lassen. Dann die Zitronenschale entfernen und den Essig weitere 3 Wochen durchziehen lassen.

Tipp
Sollte der Essig nicht intensiv genug schmecken, geben Sie etwas durchgeseihten Zitronensaft dazu.

Variante
Sie können dem Essig einen Stängel Thymian oder auch Zitronenmelisse zufügen. Die Kräuter sollten aber immer von Flüssigkeit bedeckt sein. Eventuell den Essig abseihen und in eine neue Flasche umfüllen.

Orangenessig

Ergibt etwa 1/2 Liter

*1 unbehandelte Orange, 100 ml Essigessenz (25 %), 300 ml trockener Weißwein,
1 EL Orangensaft*

Die Orange waschen, trockenreiben und ohne das Weiße dünn schälen. Die Schale in eine saubere, trockene Twist-off-Flasche geben. Essigessenz, 100 Milliliter Wasser, Wein und Orangensaft verrühren und über die Orangenschale gießen. Die Flasche verschließen und bei Zimmertemperatur 8 Tage stehen lassen. Dann die Orangenschale entfernen und den Essig weitere 3 Wochen durchziehen lassen.

Himbeeressig

Ergibt etwa 3/4 Liter

600 g reife Himbeeren, gut 1/2 l Weißweinessig

Die Himbeeren verlesen, aber nicht waschen, sondern nur mit einem Tuch abtupfen und in eine saubere, trockene Twist-off-Flasche füllen. Den Weißweinessig angießen, die Flasche verschließen und bei Zimmertemperatur 8 Tage stehen lassen. Zwischendurch gelegentlich schwenken. Dann den Essig durch ein feines Sieb oder ein sauberes Tuch seihen, in eine passende dekorative Glasflasche umgießen und diese verschließen.

Tipp
Dieser Himbeeressig eignet sich besonders für die Zubereitung von feinen Salatsaucen und zum Ablöschen von Gebratenem wie Geflügelleber oder Steaks.

Variante
Je 100 Milliliter Essigessenz (25 %) und Wasser mit 300 Millilitern Roséwein verrühren. 125 Gramm vorbereitete frische Himbeeren in eine Flasche geben, darüber das Essig-gemisch gießen. In der verschlossenen Flasche etwa 8 Tage durchziehen lassen.

Holunderessig

Ergibt etwa 1/2 Liter

1–2 Holunderbeerendolden, 100 ml Essigessenz (25 %), 300 ml leichter Rotwein

Die Holunderbeerendolden abbrausen, gut abtropfen lassen, die Beeren abzupfen und vorsichtig trockentupfen. Dann in eine saubere, trockene weithalsige Twist-off-Flasche füllen. Essigessenz mit 100 Millilitern Wasser und dem Rotwein verrühren und über die Holunderbeeren geben. Den Essig in der verschlossenen Flasche bei Zimmertemperatur 8 Tage durchziehen lassen. Zwischendurch die Flasche gelegentlich schwenken. Dann den Essig durch ein feines Sieb oder ein sauberes Tuch seihen, in eine passende dekorative Glasflasche umgießen und diese verschließen.

Portweinessig mit Rosinen

Ergibt etwa 1/2 Liter

50 g Rosinen, 100 ml Essigessenz (25 %), 300 ml Portwein (Ruby)

Die Rosinen waschen, gut trockentupfen und in eine saubere, trockene weithalsige Twist-off-Flasche füllen. Essigessenz mit 100 Millilitern Wasser und dem Portwein verrühren, über die Rosinen gießen, die Flasche verschließen und bei Zimmertemperatur 14 Tage stehen lassen. Zwischendurch gelegentlich schwenken. Dann den Essig durch ein feines Sieb oder ein sauberes Tuch seihen, in eine passende dekorative Glasflasche umgießen und diese verschließen.

Knoblauchessig

Ergibt etwa 1/2 Liter

6 mittelgroße Knoblauchzehen, 100 ml Essigessenz (25 %), 300 ml Roséwein

Die Knoblauchzehen abziehen und in eine saubere, trockene weithalsige Twist-off-Flasche füllen. Essigessenz mit 100 Millilitern Wasser und dem Rosé verrühren, über die Knoblauchzehen gießen und die Flasche verschließen. Bei Zimmertemperatur 5–6 Tage durchziehen lassen. Zwischendurch hin und wieder schwenken. Dann den Essig durch ein feines Sieb oder ein sauberes Tuch seihen, in eine passende dekorative Glasflasche umgießen und diese verschließen.

Basilikumöl

Ergibt etwa 1/2 Liter

4–5 Stängel Basilikum, 1/2 l Sojaöl

Das Basilikum nicht waschen, nur eventuell abtupfen und in eine saubere, trockene weithalsige Twist-off-Flasche geben. Das Öl darüber gießen und die Flasche verschließen. Bei Zimmertemperatur 3 Wochen durchziehen lassen. Dann durch ein feines Sieb oder ein sauberes Tuch seihen, in eine passende dekorative Glasflasche umgießen und diese verschließen.

Tipp
Auf die gleiche Weise können Sie auch Estragonöl herstellen.

Salbeiöl

Ergibt etwa 1/2 Liter

1 Stängel Salbei (mit mindestens 10–15 Blättern), 1/2 l Sojaöl

Den Salbei nicht waschen, nur eventuell abtupfen und in eine saubere, trockene weithalsige Twist-off-Flasche geben. Das Sojaöl darüber gießen und in der verschlossenen Flasche bei Zimmertemperatur 8 Tage durchziehen lassen. Dann das Öl durch ein feines Sieb oder ein sauberes Tuch seihen, in eine passende dekorative Glasflasche umgießen und diese verschließen.

Variante
Wer mag, kann dem Salbei noch 1–2 abgezogene Knoblauchzehen zufügen.

Rosmarinöl

Ergibt etwa 1/2 Liter

2 Stängel Rosmarin, 1/2 l Rapsöl

Den Rosmarin nicht waschen, nur eventuell abtupfen und in eine saubere, trockene weithalsige Twist-off-Flasche geben. Das Rapsöl darüber gießen und in der verschlossenen Flasche bei Zimmertemperatur 10–12 Tage durchziehen lassen. Dann durch ein feines Sieb oder ein sauberes Tuch seihen, in eine passende dekorative Glasflasche umgießen und diese verschließen.

Tipp

Das aromatische Rosmarinöl eignet sich z.B. zum Einpinseln von Grillfleisch.

Pfefferöl

Ergibt etwa 1/2 Liter

6 kleine rote Chilischoten, 1 EL grüner Pfeffer (aus dem Glas), 1/2 l Sojaöl

Die Chilischoten waschen, trockentupfen und längs halbieren (die Samen nicht entfernen). Zusammen mit dem grünen Pfeffer in eine saubere, trockene weithalsige Twist-off-Flasche füllen und das Öl angießen. Die Flasche verschließen und bei Zimmertemperatur 14 Tage stehen lassen. Dann das Öl durch ein feines Sieb oder ein sauberes Tuch seihen, in eine passende dekorative Glasflasche umgießen und diese verschließen.

Tipp

Pfefferöl verwendet man zum Marinieren von Fleisch oder auch für frische Blattsalate.

Provençalisches Kräuteröl

Ergibt etwa 1/2 Liter

2 Stängel Rosmarin, 1 Stängel Thymian, 2 Stängel Majoran, 1/2 l Olivenöl

Die Kräuter nicht waschen, nur eventuell trockentupfen und in eine saubere, trockene weithalsige Twist-off-Flasche füllen. Das Olivenöl darüber gießen und in der verschlossenen Flasche bei Zimmertemperatur 3 Wochen durchziehen lassen. Dann das Öl durch ein feines Sieb oder ein sauberes Tuch seihen, in eine passende dekorative Glasflasche umgießen und diese verschließen.

Tipp

Wer mag, kann die Kräuter nach dem Abseihen wieder in das Öl geben. Die Blätter und Nadeln sollten vorher von den Stängeln gezupft und einige eventuell grob gehackt werden.

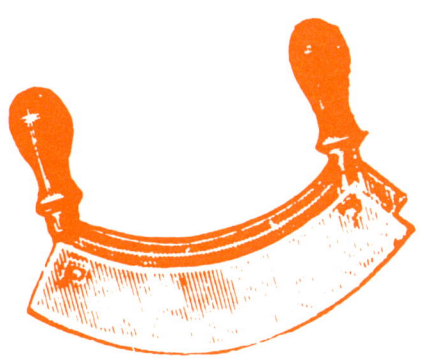

Dillöl

Ergibt etwa 1 Liter

1 großes Bund Dill, 1 Lorbeerblatt, 2 TL rosa Pfefferkörner, 1 l Rapsöl

Dill nicht waschen, nur eventuell trockentupfen und zusammen mit dem etwas zerkleinerten Lorbeerblatt und den Pfefferkörnern in eine saubere, trockene weithalsige Twist-off-Flasche füllen. Das Rapsöl angießen und in der verschlossenen Flasche bei Zimmertemperatur 3 Wochen durchziehen lassen. Dann das Öl durch ein feines Sieb oder ein sauberes Tuch seihen, in eine passende dekorative Glasflasche umgießen und diese verschließen.

Tipp
Dillöl eignet sich gut für Dressings zu frischen Blattsalaten.

Steinpilzöl

Ergibt etwa 1 Liter

20 g getrocknete Steinpilze, 2 TL grobes Meersalz,
2 TL Wacholderbeeren, 1 l Rapsöl

Die Steinpilze mit dem Meersalz und den Wacholderbeeren in eine saubere, trockene weithalsige Twist-off-Flasche füllen. Mit dem Rapsöl begießen und die Flasche verschließen. Bei Zimmertemperatur 3 Wochen stehen lassen. Dann das Öl durch ein feines Sieb oder ein sauberes Tuch seihen, in eine passende dekorative Glasflasche umgießen und diese verschließen.

Tipp
Gebratenem Fleisch, das Sie mit Steinpilzöl bepinseln, verleihen Sie ein besonders exquisites Aroma.

Basilikum-Pesto

Ergibt etwa 200 Gramm

1 großes Bund Basilikum (mindestens 35–40 Blätter),
50 g Pecorino oder Parmesan, 1 große Knoblauchzehe,
30 g Pinienkerne, 1/4 TL Salz, 100 ml Olivenöl

Die Basilikumblätter abzupfen, nach Möglichkeit nicht waschen, sondern nur trocken-tupfen und grob schneiden. Den Käse fein reiben. Die Knoblauchzehe abziehen und grob hacken. Die Pinienkerne in einer Pfanne ohne Fett unter Wenden hellbraun rösten, anschließend grob hacken. Alle Zutaten mit dem Salz in einen Mörser geben und zu einer feinen Paste zerreiben. Dabei erst einige Tropfen, dann nach und nach das restliche Olivenöl unterrühren.

Tipp

Sie können auch zur Hälfte Parmesankäse und zur Hälfte nicht zu alten Pecorino verwenden. Das Pesto hält sich länger, wenn Sie den Käse erst kurz vor dem Servieren unterrühren.

Übrigens

Bei diesem Rezept handelt es sich um das berühmte Pesto alla Genovese, die klassische Würzpaste, die in Italien zu Pasta, Gnocchi, Fleisch, Fisch usw. gereicht wird. Es hält sich im Kühlschrank bis zu 10 Tagen, wenn die Zutaten trocken waren und Sie dafür sorgen, dass immer eine ordentliche Schicht Olivenöl die Oberfläche bedeckt.

Petersilien-Pesto

Ergibt 200 Gramm

1 Bund glatte Petersilie, 1 Knoblauchzehe, 1–2 Sardellenfilets,
2 EL eingelegte Kapern, 2 EL Weinessig, Salz,
frisch gemahlener weißer Pfeffer, 100 ml Olivenöl

Die Petersilie abbrausen, sehr gut trockentupfen, die Blätter von den Stängeln zupfen und fein hacken. Die Knoblauchzehe abziehen und zerdrücken. Die Sardellenfilets waschen, trockentupfen und grob hacken. Die Kapern abtropfen lassen und ebenfalls grob hacken. Alle Zutaten im Mörser zu einer feinen Paste zerstampfen, in eine Schüssel geben, das Paniermehl und den Weinessig einrühren. Mit Salz und Pfeffer würzen. Erst einige Tropfen, danach im feinen Strahl das restliche Olivenöl einarbeiten.

Oliven-Pesto

Ergibt etwa 300 Gramm

*200 g eingelegte schwarze Oliven (mit etwas Flüssigkeit), 3 Knoblauchzehen,
1 Stängel frischer Thymian, 1 kleines Bund glatte Petersilie,
100 ml Olivenöl, frisch gemahlener weißer Pfeffer*

Die Oliven entsteinen, d.h. das Fruchtfleisch mit einem scharfen Küchenmesser vom Stein schneiden. Die Knoblauchzehen abziehen. Thymian und Petersilie abbrausen, trockentupfen und von den Stängeln zupfen. Alles fein hacken.
Alle Zutaten mit dem Paniermehl in eine Schüssel geben und mit dem Mixstab pürieren, etwas Olivenflüssigkeit zugeben. Erst einige Tropfen, danach im feinen Strahl das restliche Olivenöl unterrühren.

Tipp
Statt der Olivenflüssigkeit können Sie auch 2 Esslöffel guten Weinessig verwenden.

Artischocken-Pesto

Ergibt etwa 300 Gramm

5 frische, sehr kleine Artischocken, Saft von 1/2 Zitrone, 3 Schalotten, 1 kleine Knoblauchzehe, 100 ml Olivenöl, 30 g gemahlene Mandeln, 1 TL Paniermehl, 2–3 EL weißer Balsamico, Salz, frisch gemahlener weißer Pfeffer

Die Artischocken putzen und die äußeren Blätter entfernen, so dass nur noch das Herz übrig bleibt. Dieses klein schneiden und mit Zitronensaft beträufeln. Die Schalotten und die Knoblauchzehe schälen, beides fein hacken.
2 Esslöffel Olivenöl in einer Pfanne erhitzen, die Artischockenstücke hineingeben und unter Wenden andünsten, ohne dass sie Farbe annehmen. Schalotten und Knoblauch zugeben, die Mandeln und das Paniermehl darüber streuen. Mit dem Balsamico ablöschen. Alles abkühlen lassen. Die Masse in eine Schüssel füllen und mit dem Mixstab pürieren. Erst 1–2 Esslöffel, dann im dünnen Strahl das restliche Olivenöl einrühren. Mit Salz und Pfeffer abschmecken.

Früchte in Alkohol

Wer kennt ihn nicht, den Rumtopf? Sicherlich ist diese Methode, Früchte in Alkohol haltbar zu machen, die bekannteste. Verschiedene Rezepturen gibt es, und das Ergebnis ist – je nachdem, wie viel man davon genießt – berauschend schön. Im Rumtopf werden Früchte im Laufe eines Sommers nach und nach mit der entsprechenden Menge Rum und Zucker für längere Zeit konserviert. Rum verträgt sich geschmacklich besonders gut mit den Früchten. Sein Alkoholgehalt von 54 Vol.-% garantiert zusammen mit dem Zucker eine Haltbarkeit über Monate. Mit der Zeit verlieren die Früchte allerdings ihre ursprüngliche Farbe und nehmen eine leicht rotbraune Tönung an. Besser bleibt die Farbe von Früchten erhalten, die Sorte für Sorte separat eingelegt werden, und zwar z.B. mit Arrak, Armagnac, Cognac, Weinbrand, Wodka und auch Obstbränden. Bedingt durch den Alkoholgehalt von nur 38–42 Vol.-% sind die Früchte dann allerdings weniger lange haltbar.

Wer die Wahl hat, hat die Qual. Für das Einlegen in Alkohol ist eigentlich jede Obstsorte richtig, jedoch eignen sich fleischige Früchte wie Pfirsiche, Aprikosen, Kirschen usw. besser als Kernfrüchte wie Johannisbeeren oder Stachelbeeren. Ganz wichtig: Die Früchte sollten von exquisiter Qualität und gutem Aroma sein.

Rumkirschen

Ergibt 4 Gläser von je 450 Gramm

1 kg Schattenmorellen mit Stiel, 600 g Zucker, 1 Vanilleschote, 0,35 l Rum (54 Vol.-%)

Die Kirschen auf einem Sieb abbrausen, gut abtropfen lassen und die Stiele um die Hälfte kürzen. Die Früchte in einer Schüssel mit dem Zucker vermischen und in heiß ausgespülte, gut abgetropfte Twist-off-Gläser füllen. Die Vanilleschote aufschlitzen, in 4 Stücke schneiden und auf die Gläser verteilen. Den Rum angießen und die Gläser sofort verschließen. An einem kühlen und luftigen Ort 3–4 Wochen durchziehen lassen.

Tipp
Rumkirschen schmecken gut zu Vanilleeis und als köstliche Einlage in Aperitifs.

Übrigens
Rum – Zuckerrohrschnaps – ist im Urzustand klar wie Wasser. Durch Zusatz von Zuckercouleur und Lagerung in Eichenfässern wird ein dunklerer Farbton erzielt. „Original-Rum" kommt aus dem Herstellerland (hauptsächlich Große und Kleine Antillen) und hat einen Alkoholgehalt von 62–81 Vol.-%. Dieser darf im Bezugsland nicht verändert werden. Die Bezeichnung „Echter Rum", z.B. „Echter Jamaika-Rum", steht für Original-Rum, dessen Alkoholgehalt auf Trinkstärke (38–54 Vol.-%) herabgesetzt wurde.

Erdbeeren in Madeira

Ergibt 5 Gläser von je 450 Gramm

*1 kg mittelgroße, feste reife Erdbeeren, 500 g Zucker, 4 cl Rum (54 Vol.-%),
0,7 l Madeira (18–21 Vol.-%)*

Die Erdbeeren auf einem Sieb abbrausen, gut abtropfen lassen und die Kelchblätter entfernen. Die Früchte abwechselnd mit dem Zucker schichtweise in heiß ausgespülte, gut abgetropfte Twist-off-Gläser schichten. Erst den Rum, dann den Madeira angießen, so dass die Früchte bedeckt sind. Die Gläser sofort verschließen. An einem kühlen und luftigen Ort 3–4 Wochen durchziehen lassen.

Tipp
Die Erdbeeren bilden z.B. eine leckere Beilage zu kaltem Flammeri, Eiscreme, zu warmem Semmelpudding oder auch eine Einlage in Longdrinks.

Übrigens
Madeira ist ein Likörwein von der gleichnamigen portugiesischen Atlantikinsel mit einem Alkoholgehalt von 18–21 Vol.-%., der aufgespritzt und mit verschiedenen Jahrgängen verschnitten wird.

Südfrüchte in Wodka

Ergibt 1 Glas von 1 Liter

1 Ogen-Melone (ca. 500 g), 9 frische kleine Feigen (ca. 540 g),
100 g Orangenblütenhonig, etwa 1/2 l Wodka (40 oder 50 Vol.-%)

Die Melone halbieren, die Kerne entfernen, das Fruchtfleisch mit einem Kugelausstecher ausstechen. Das restliche Fruchtfleisch kann klein gewürfelt mitverwendet werden.
Die Feigen waschen, trockentupfen und vierteln. Melonenkugeln bzw. Stücke und Feigenviertel in ein heiß ausgespültes, gut abgetropftes Twist-off-Glas geben. Den Honig mit dem Wodka verrühren und über die Früchte geben. Das Glas verschließen und an einem kühlen und luftigen Ort etwa 4 Tage durchziehen lassen.

Weinbrand-Aprikosen

Ergibt 3 Gläser von je 500 Gramm

700 g reife Aprikosen, 300 g Zucker, 0,7 l Weinbrand (40 Vol.-%)

Die Aprikosen kurz in kochendes Wasser geben und darin etwa 1/2 Minute blanchieren. Mit einer Schaumkelle herausheben, abtropfen lassen und häuten. Die Früchte vierteln, entsteinen und in einer Schüssel mit dem Zucker vermischen. In heiß ausgespülte, gut abgetropfte Twist-off-Gläser schichten. Den Weinbrand angießen und die Gläser sofort verschließen. An einem kühlen und luftigen Ort 2 Monate durchziehen lassen.

Tipp
Die Weinbrand-Aprikosen schmecken gut zu Vanilleeis und zu gestürztem Grießflammeri.

Würzpfirsiche mit Weinbrand

Ergibt etwa 2 Gläser von je 1 1/2 Liter

*3 kg reife, nicht zu große Pfirsiche, 3/4 l Weinessig, 1/4 l Weinbrand (40 Vol.-%),
600 g brauner oder weißer Kandiszucker, 1 Vanilleschote, 10 Gewürznelken*

Die Pfirsiche waschen, halbieren, entsteinen und in heiß ausgespülte, gut abgetropfte Twist-off-Gläser füllen. Essig, Weinbrand, Kandiszucker, die aufgeschlitzte, quer halbierte Vanilleschote und die Nelken in einem Topf aufkochen. Die Gewürze mit einer Schaumkelle herausheben und auf die Gläser verteilen. Die Flüssigkeit heiß über die Pfirsiche gießen und die Gläser sofort locker verschließen. Am nächsten Tag den Saft wieder abgießen, noch einmal aufkochen lassen und heiß zurück in die Gläser gießen. Wiederum verschließen und an einem kühlen und luftigen Ort 8 Tage durchziehen lassen.

Tipp
Die Würzpfirsiche schmecken gut zu Vanilleeis oder als Beilage zu Kurzgebratenem.

Orangenscheiben in Cognac

Ergibt 4 Gläser von je 500 Gramm

*1 kg dünnschalige unbehandelte Orangen, 500 g brauner Kandiszucker,
6 Stück Sternanis, 0,7 l Cognac (40 Vol.-%)*

Die Orangen unter heißem Wasser abwaschen, gut trockenreiben und mit Schale in 1/2 Zentimeter dicke Scheiben schneiden. Abwechselnd mit Kandiszucker und Anis (2 Sterne halbieren) in heiß ausgespülte, gut abgetropfte Twist-off-Gläser schichten. Cognac angießen, bis die Früchte bedeckt sind. Die Gläser sofort verschließen und an einem kühlen und luftigen Ort mindestens 2–3 Wochen durchziehen lassen.

Übrigens

Nur jener französische Weinbrand darf sich Cognac nennen, der in dem gleichnamigen Gebiet im Südwesten Frankreichs aus den dort angebauten Trauben hergestellt wurde. Er wird nach einem sehr alten Verfahren destilliert und nicht selten bis zu 25 Jahren in Eichenfässern gelagert.

Anis wird im Mittelmeerraum angebaut. Zum Würzen wird nur der Samen verwendet. Er hat einen herb-süßlichen Geschmack und wird ganz oder gemahlen angeboten. Das hocharomatische Anisöl wird zur Herstellung von Likören wie Pernod und Ouzo verwendet.

Exotische Rum-Früchte

Ergibt 4 Gläser von je 450 Gramm

2 Kiwis (ca. 180 g), 1 Mango (ca. 300 g), 1 reife Papaya (ca. 400 g Fruchtfleisch),
1 kleine Ananas (ca. 600 g Fruchtfleisch), 10 Kumquats (ca. 150 g), 1 unbehandelte Zitrone,
500 g weißer Kandiszucker, 0,7 l weißer Rum (40 Vol.-%)

Kiwis schälen und in Scheiben schneiden, dabei Stiel- und Blütenansatz entfernen. Mango schälen und das Fruchtfleisch in dünnen Spalten vom Stein schneiden. Papaya waschen, halbieren, entkernen und die Hälften in Scheiben schneiden. Das Ananasfruchtfleisch würfeln. Kumquats waschen und mit einer Nadel mehrmals einstechen. Die Zitronenschale ohne das Weiße als dünne Spirale abschälen, in so viele Teile schneiden, wie Gläser vorhanden sind. Alle Früchte, die Zitronenspirale und den Kandiszucker in heiß ausgespülte, gut abgetropfte Twist-off-Gläser verteilen. Weißen Rum angießen, die Gläser sofort verschließen und an einem kühlen und luftigen Ort 2–3 Wochen durchziehen lassen.

Variante
Statt der Zitrone können Sie auch eine Limette verwenden. Sie können außerdem den weißen Rum durch Himbeergeist ersetzen.

Feigen in Rotwein

Ergibt 1 Glas von 750 Gramm

4–5 frische Feigen (250 g), 2–3 Gewürznelken, 1 Zimtstange,
je 1 Stück unbehandelte Zitronen- und Orangenschale, 1/2 l Rotwein (Beaujolais)

Feigen waschen und trockentupfen. Die Früchte halbieren, größere vierteln, dabei die Stiele aber nicht entfernen. Die Stücke mit den Gewürzen in ein heiß ausgespültes, gut abgetropftes Twist-off-Glas füllen. Zitronen- und Orangenschale zufügen. Den Rotwein angießen. Das Glas verschließen und an einem kühlen und luftigen Ort 3–4 Tage durchziehen lassen. Da die Feigen Wein aufsaugen, eventuell dann noch einmal etwas Rotwein nachgießen.

Tipp
Die Feigen schmecken gut zu Crêpes oder zu feinem Grießflammeri.

Birnen und Pflaumen in Rotwein

Ergibt etwa 4 Gläser von je 500 Gramm

500 g Birnen, 500 g Pflaumen, 1/2 l kräftiger Rotwein, 3 EL Essigessenz (25 %),
500 g weißer Kandiszucker, 1 Zimtstange, 6 Gewürznelken

Die Birnen und Pflaumen waschen. Die Birnen schälen, vierteln, Blüte, Stiel und Kerngehäuse entfernen. Die Pflaumen entsteinen. Rotwein und Essigessenz mit Kandiszucker, Zimtstange und Nelken in einem Topf aufkochen. Die Früchte in die Flüssigkeit geben und 5 Minuten darin kochen lassen. Danach mit einer Schaumkelle herausheben und in heiß ausgespülte, gut abgetropfte Twist-off-Gläser füllen. Den Sud erneut aufkochen lassen und über die Früchte gießen. Die Gläser sofort verschließen. An einem kühlen und luftigen Ort 3 Wochen durchziehen lassen.

Tipp
Die Rotweinfrüchte schmecken sehr gut zu gebratenem Fleisch, besonders zu Wildgerichten. Sie können außerdem 2–3 Esslöffel von dem Früchtesud verwenden, um die Bratensauce abzuschmecken.

Pflaumen in Arrak

Ergibt 3 Gläser von je 500 Gramm

500 g Pflaumen, 250 g brauner Kandiszucker, 1 Zimtstange, 0,7 l Arrak (38 Vol.-%)

Die Pflaumen waschen, entstielen, auf ein Metallsieb geben und dieses für 3 Minuten in einen passend großen Topf mit kochendem Wasser hängen. Herausnehmen und die Pflaumen abtropfen lassen. Die Früchte mit dem Kandiszucker und der grob zerkleinerten Zimtstange in heiß ausgespülte, gut abgetropfte Twist-off-Gläser verteilen. Den Arrak angießen, so dass die Früchte bedeckt sind. Die Gläser sofort verschließen. An einem kühlen und luftigen Ort etwa 6 Wochen durchziehen lassen.

Backobst in Doppelkorn

Ergibt 2 Gläser von je 450 Gramm

250 g gemischtes Backobst, 0,7 l Doppelkorn (38 Vol.-%)

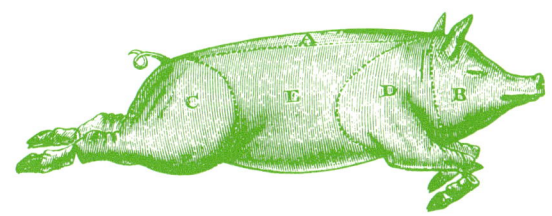

Das Backobst in eine Schüssel geben und mit kochendem Wasser übergießen, so dass es bedeckt ist. Etwa 15 Minuten ziehen lassen, dann auf ein Sieb geben und gut abtropfen lassen. Das Obst in heiß ausgespülte, gut abgetropfte Twist-off-Gläser schichten, mit Doppelkorn auffüllen und sofort verschließen. Die Früchte bei Zimmertemperatur 1 Monat durchziehen lassen.

Tipp

Sie können den Alkohol später in eine Flasche seihen und getrennt von den Früchten verwenden. Das Obst ist eine köstliche Beilage zu allen Fleisch-, besonders aber zu Wildgerichten. Auch zu feinen Desserts wie Vanilleeis oder Grießflammeri passt das Backobst gut.

Variante

1 Zimtstange und 1 aufgeschlitzte Vanilleschote zufügen.
Sie können statt Doppelkorn auch einfachen Korn (32 Vol.-%) verwenden.

Friesische Bohnensuppe

Ergibt 2 Gläser von je 500 Gramm

250 g Sultaninen, 125 g weißer Kandiszucker,
0,7 l Doppelkorn (38 Vol.-%)

Die Sultaninen waschen und mit einem sauberen Küchentuch gut trockentupfen. Anschließend in heiß ausgespülte, gut abgetropfte Twist-off-Gläser füllen. Den Kandiszucker darüber verteilen, den Doppelkorn angießen, gut umrühren und die Gläser verschließen. Die „Bohnensuppe" bei Zimmertemperatur etwa 8 Tage durchziehen lassen, zwischendurch umrühren.

Übrigens

Diese Spezialität findet man in Ostfriesland in fast jedem Haushalt. Dort bietet man sie z.B. den Gästen einer Kindstaufe oder dem Briefträger bei einem Klönschnack an der Haustür an.

Variante

Sie können die Sultaninen auch in Grappa einlegen, dann aber den Zucker weglassen.

Litschis in Weinbrand

Ergibt 3 Gläser von je 500 Gramm

*2 Dosen Litschis (400 g Einwaage), 200 g Feinster Zucker, 1 Stück Limettenschale,
2 Gewürznelken, 1 Vanilleschote, 0,35 l Weinbrand (40 Vol.-%)*

Die Litschis abgießen, dabei die Flüssigkeit auffangen. Die Früchte in heiß ausgespülte, gut abgetropfte Twist-off-Gläser verteilen. Den Zucker mit 1/8 Liter Litschi-Flüssigkeit, Limettenschale, Nelken und der aufgeschlitzten Vanilleschote unter Rühren aufkochen, bis der Zucker sich gelöst hat. Danach die Gewürze entfernen, die Flüssigkeit abkühlen lassen und mit dem Weinbrand verrühren. Das Gemisch über die Litschis gießen und die Gläser verschließen. Bei Zimmertemperatur 4 Wochen durchziehen lassen.

Tipp
Wer ein intensiveres Aroma vorzieht, kann die Gewürze grob zerkleinern und zusammen mit den Früchten ebenfalls in die Gläser verteilen.

Trauben in Weißwein

Ergibt etwa 2 Gläser von je 500 Gramm

*500 g Weintrauben, 1/4 l Weißwein, 1 EL Essigessenz (25 %),
250 g Zucker, etwas Muskatblüte*

Die Trauben abbrausen, gut abtropfen lassen, die Beeren von den Stielen zupfen, halbieren und entkernen. Den Weißwein mit Essigessenz, Zucker und Muskatblüte in einem Topf zum Kochen bringen. Die Trauben dazugeben und einmal aufkochen lassen. Die Früchte mit einer Schaumkelle herausheben und in heiß ausgespülte, gut abgetropfte Twist-off-Gläser geben.
Die Flüssigkeit noch einmal aufkochen lassen und dann über die Früchte gießen. Die Gläser sofort verschließen. An einem kühlen und luftigen Ort 3 Wochen durchziehen lassen.

Weinäpfel mit Campari

Ergibt etwa 4 Gläser von je 500 Gramm

0,75 l trockener Weißwein, 175 ml Campari, 1 Zimtstange, 40 g Zucker, 1/4 TL Ingwerpulver, 1 kg sehr kleine, feste Äpfel, 4 EL Zitronensaft

Den Weißwein mit 700 Millilitern Wasser, Campari, Zimtstange, Zucker und Ingwerpulver in einem Topf aufkochen und etwa 5–7 Minuten bei kleinster Hitze simmern lassen. Die Äpfel schälen und mit 2 Esslöffeln Zitronensaft beträufeln. Den Weinsud kurz aufkochen lassen, die Äpfel hineingeben und bei geringer Hitze 6 Minuten kochen. Die Früchte mit einer Schaumkelle herausheben und in heiß ausgespülte, gut abgetropfte Twist-off-Gläser verteilen. Die Zimtstange entfernen. Die Flüssigkeit erneut aufkochen, mit dem restlichen Zitronensaft vermischen und heiß über die Äpfelchen gießen. Die Gläser sofort verschließen. An einem kühlen und luftigen Ort etwa 2 Wochen durchziehen lassen.

Tipp

Wenn Sie in den Weinsud 1 Päckchen Einmachhilfe rühren, halten sich die Äpfelchen etwas länger.

Cognac-Reineclauden

Ergibt 3 Gläser von je 450 Gramm

500 g Reineclauden, 250 g brauner Kandiszucker,
1 Stück Zimtstange, 0,7 l Cognac (40 Vol.-%)

Die Reineclauden auf einem Metallsieb abbrausen, die Stiele entfernen. In einem passenden Topf reichlich Wasser zum Kochen bringen und das Sieb mit den Früchten hineinhängen. Nach wenigen Minuten herausnehmen und abtropfen lassen. Reineclauden, Kandiszucker und grob zerteilten Zimt in heiß ausgespülte, gut abgetropfte Twist-off-Gläser verteilen. Den Cognac angießen, so dass die Früchte bedeckt sind. Die Gläser sofort verschließen. An einem kühlen und luftigen Ort etwa 4 Wochen durchziehen lassen.

Birnen mit Geist

Ergibt 4 Gläser von je 450 Gramm

1 kg Birnen, 4 EL Zucker, 4 Gewürznelken, 1 Zimtstange,
250 g weißer Kandiszucker, 0,7 l Birnengeist (40 Vol.-%)

Die Birnen schälen, halbieren, Blüte und Kerngehäuse entfernen, nicht aber den Stiel. In einem Topf 1/2 Liter Wasser mit dem Zucker aufkochen, die Birnen darin etwa 5–8 Minuten garen. Herausnehmen, abtropfen und abkühlen lassen. Früchte, Nelken, zerkleinerte Zimtstange und Kandiszucker in heiß ausgespülte, gut abgetropfte Twist-off-Gläser verteilen. Den Birnengeist angießen. Die Gläser sofort verschließen. An einem kühlen und luftigen Ort 4 Wochen durchziehen lassen.

Früchte-Rumtopf

Die klassische Methode, Früchte mit Zucker und Alkohol haltbar zu machen, ist in einem Rumtopf. Schon unsere Großmütter nutzten diese Möglichkeit, um Früchte, die es damals nur zu der entsprechenden Saison gab, gemeinsam zu konservieren. Das beschwipste Obst schmeckt pur oder in Cocktails oder Longdrinks. Auch zu Eiscreme oder Sahne-, Vanille- oder Mandel-Flammeri passen Rumtopf-Früchte gut. Und zarte Crêpes lassen sich mit ihnen köstlich füllen. Rumtopf, in hübsche Gläser abgefüllt und nett verpackt, ist außerdem ein willkommenes Mitbringsel.

So gelingt's

Die Früchte müssen reif, fest und von tadelloser Qualität sein. Wie viele verschiedene Früchte Sie in den Rumtopf geben, bleibt Ihnen überlassen. Wichtig für gutes Gelingen ist makelloses Obst, ein hochprozentiger, d.h. 54 Vol.-%iger Markenrum und natürlich Zucker – normaler Einmach- oder Haushaltszucker. Eine besondere Note erzielen Sie mit Zugabe von braunem Kandiszucker, einer Vanilleschote oder einer Zimtstange. Als Gefäß eignet sich ein Deckeltopf aus Steingut oder Porzellan von 4–5 Litern Fassungsvermögen. Die Früchte müssen immer mit Flüssigkeit bedeckt sein. Sie sollten mit Erdbeeren beginnen und nur Stein- und Kernobst verarbeiten. Rhabarber, Stachel- und Johannisbeeren sind für den Rumtopf zu sauer. Himbeeren und Blaubeeren zerfallen und schimmeln leicht. Äpfel und Brombeeren werden oft hart.

Grundrezept

Jeweils 500 Gramm vorbereitete Früchte in den Rumtopf schichten. Die ersten drei Fruchtsorten mit jeweils 500 Gramm Zucker bestreuen, für alle weiteren

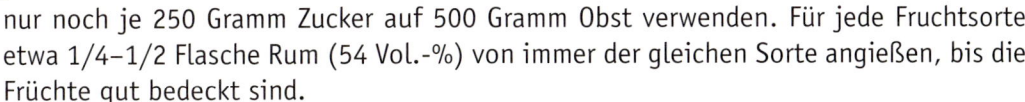

nur noch je 250 Gramm Zucker auf 500 Gramm Obst verwenden. Für jede Fruchtsorte etwa 1/4–1/2 Flasche Rum (54 Vol.-%) von immer der gleichen Sorte angießen, bis die Früchte gut bedeckt sind.

Früchte-Kalender für den Rumtopf

Juni

500 Gramm Erdbeeren, gewaschen und von Kelchblättern befreit, in den Rumtopf (5 Liter Inhalt) schichten. Mit 500 Gramm Zucker bestreuen und 1 Stunde ziehen lassen. So viel Rum zugießen, dass alle Früchte gut bedeckt sind.

Juli

500 Gramm Aprikosen überbrühen, häuten, entsteinen und vierteln. 500 Gramm Sauerkirschen waschen, eventuell entsteinen, Stiele entfernen. Die Früchte mit je 500 Gramm Zucker vermischen und 1 Stunde ziehen lassen, dann in den Rumtopf füllen. So viel Rum aufgießen, dass alle Früchte wieder gut bedeckt sind.

August

Je 250 Gramm Pfirsiche, Mirabellen, Pflaumen und Reineclauden waschen. Pfirsiche überbrühen und häuten. Das Obst entsteinen und halbieren. 500 Gramm gemischtes Obst mit 250 Gramm Zucker mischen. In den Rumtopf schichten und ausreichend Rum nachgießen.

September

250 Gramm Zwetschgen waschen, halbieren, entsteinen. Mit 125 Gramm Zucker mischen, in den Rumtopf füllen und mit ausreichend Rum aufgießen.

Oktober

250 Gramm frische Ananas und 250 Gramm Williams-Christ-Birnen, geschält und gewürfelt, mit 250 Gramm Zucker vermischen. In den Rumtopf geben und mit Rum auffüllen.

November

4 Wochen nach der letzten Fruchtzugabe noch einmal 1/2 Flasche Rum angießen. Nach alter Tradition wird der fertige Rumtopf am 1. Advent „angestochen".

Tipp

Der Rumtopf beginnt zu gären, wenn der Rum nicht hochprozentig genug war, nicht genug Rum nachgefüllt wurde, die Früchte nicht einwandfrei und zu wasserhaltig waren oder wenn der Topf zu warm stand. Da Zucker ein wichtiger Bestandteil der Konservierung ist, kann auch eine zu geringe Zuckermenge den Rumtopf zum Gären bringen. Folgendermaßen können Sie Abhilfe schaffen: Rum nachgießen oder auf 3 1/2 Liter Inhalt 100 Gramm reinen Alkohol (Apotheke) geben; gegebenenfalls den Zuckeranteil erhöhen. Um zu verhindern, dass Früchte an die Oberfläche steigen und zu schimmeln beginnen, eine Untertasse umgedreht oben auf die Früchte legen.

Liköre, Schnäpse und Aufgesetzte

Das Selbstherstellen von Likör ist ganz einfach, man braucht nicht einmal besondere Geräte dazu. Für die Likör- oder Schnapsbereitung und auch für Aufgesetzte werden lediglich gut schließende Flaschen benötigt, solche mit weitem Hals und einige dekorative, in die man das fertige Getränk umfüllt. Zum Ansetzen von Likör, Schnaps oder Aufgesetztem werden Kandis, Zucker, Zuckersirup oder Honig und Markenspirituosen verwendet. So eignen sich geschmacksneutraler Korn und Wodka, außerdem Weinbrand, Cognac, Whisky sowie weißer und brauner Rum. Obstbrände passen am besten zu den entsprechenden Früchten. Aromatische Gewürze wie Zimt, Nelken, Anis oder Koriander sollten immer vorsichtig dosiert werden, damit sie nicht vorschmecken.

Um Likör herzustellen, brauchen Sie etwas Zeit, denn der Liköransatz muss in einem gut verschlossenen Gefäß bei Zimmertemperatur in der Regel 4–8 Wochen durchziehen, bevor er in eine neue Flasche abgefiltert bzw. umgegossen wird. Dann sollte man den meisten Likören noch weitere 3–4 Wochen Ruhe gönnen, bis probiert werden darf. Die bei der Likörherstellung verwendeten Früchte, die nach dem Abgießen zurückbleiben, können eine köstliche Beilage, z.B. zu einem Eis-Dessert, sein. Die Früchte mit dem süßen Alkoholgeschmack passen aber auch gut zu verschiedenen Fleischgerichten.

Schnäpse lassen sich, bis auf manche Ausnahmen (z.B. Wacholderschnaps) schneller zubereiten – sie können meist schon nach 2 Wochen probiert werden.

Aufgesetzter wurde ursprünglich nur mit Kandiszucker, Korn und Schwarzen Johannisbeeren zubereitet. Inzwischen findet man auch Rezepte mit Früchtchen wie Brombeeren, Heidelbeeren, Erdbeeren, Himbeeren, aber auch Kirschen.

Rosenlikör

Ergibt etwa 1 1/4 Liter

150 g duftende Rosenblütenblätter, 1 l Korn (32 Vol.-%),
1/8 l Rosenwasser, 100 g Zucker

Die gereinigten Rosenblütenblätter in ein heiß ausgespültes, gut abgetropftes Twist-off-Glas von 1 1/2 Litern füllen. Dabei etwas zusammendrücken. So viel Korn angießen, dass die Blütenblätter völlig bedeckt sind. Das Glas verschließen und etwa 6–8 Wochen bei Zimmertemperatur stehen lassen. Die oben liegenden Blätter dürfen dabei leicht bräunlich werden.
Nach der Ruhezeit die Flüssigkeit durch ein feines Sieb oder ein sauberes Tuch seihen. Rosenwasser und Zucker in einem Topf unter Rühren so lange erhitzen, bis sich der Zucker gelöst hat, abkühlen lassen. Die beiden Flüssigkeiten miteinander vermischen. Den entstandenen Rosenlikör in dekorative Flaschen abfüllen, verschließen und noch 2 Wochen ruhen lassen.

Tipp
Für den Rosenlikör sollten möglichst die Blütenblätter von alten Rosenarten bevorzugt werden, denn diese sind besonders aromatisch. Einige Tropfen Malventee zaubern schöne Rottöne in den Likör, die allerdings später wieder leicht verblassen.

Varianten
Den Rosenblättern 5–7 Gewürznelken und 1 Zimtstange beifügen. Statt Rosenwasser Orangenblütenwasser verwenden. Dem fertigen Likör einige Goldplättchen (Bastelladen) zufügen. Dann haben Sie so genanntes Danziger Goldwasser.

Sauerkirschlikör

Ergibt etwa 1 Liter

*500 g Sauerkirschen, 250 g weißer Kandiszucker, 1 Zimtstange,
4 Gewürznelken, 0,7 l Gin (40 Vol.-%)*

Die Kirschen auf einem Sieb abbrausen, gut abtropfen lassen, entstielen und entsteinen. Kirschen, Kandiszucker, Zimtstange und Nelken in ein heiß ausgespültes, gut abgetropftes Twist-off-Glas von 1 1/2 Litern geben, den Gin angießen und das Glas verschließen. Die Mischung bei Zimmertemperatur 2–3 Wochen durchziehen lassen, das Gefäß zwischendurch hin und wieder schwenken. Dann die Flüssigkeit durch ein feines Sieb oder ein sauberes Tuch seihen und in dekorative Flaschen umfüllen. Den Likör noch 1–2 Wochen ruhen lassen.

Übrigens

Gin ist ein Branntwein, der aus Gerste und Roggen hergestellt wird. Seinen typischen Geschmack erhält er durch Zusatz von Wacholderdestillat und verschiedenen Gewürzen wie Anis und Fenchel. Sein Alkoholgehalt beträgt meist 40 Vol.-%. „Steinhäger" ist die deutsche Entsprechung des Gin. Der Wacholderschnaps darf nur in Steinhagen (Ostwestfalen) gebrannt und abgefüllt werden.

Brombeerlikör

Ergibt etwa 1 Liter

300 g reife Brombeeren, 150 g weißer Kandiszucker,
1 mittelgroße Zimtstange, 1 Sternanis, 0,7 l Korn (32 Vol.-%)

Die Brombeeren mit einem sauberen Tuch abtupfen, eventuelle Kelchblätter entfernen. Die Früchte mit Kandiszucker, Zimtstange und Sternanis in ein großes heiß ausgespültes, gut abgetropftes Twist-off-Glas von 1 1/2 Litern füllen. Den Korn angießen und das Glas verschließen. Die Mischung 6–8 Wochen durchziehen lassen. Dann die Flüssigkeit durch ein feines Sieb oder ein sauberes Tuch seihen und in dekorative Flaschen umfüllen. Weitere 3 Wochen ruhen lassen.

Variante
Statt Brombeeren schmecken auch Himbeeren sehr gut. Die Zimtstange dann durch 2–4 Zentiliter Rum (54 Vol.-%) ersetzten.

Übrigens
Korn wird auch Kornbrannt genannt. Er wird aus Getreide wie Roggen, Weizen, Buchweizen, Gerste oder Hafer hergestellt, zweimal gebrannt und darf mit keinem anderen Erzeugnis vermischt sein. Sein Alkoholgehalt beträgt 32 Vol.-%; beim Doppel- oder Edelkorn sind es 38 Vol.-%. Weizenkorn ist mild, Korn aus Roggen herzhaft.

Französischer Erdbeerlikör

Ergibt etwa 1 1/4 Liter

250 g kleine, reife Erdbeeren (Wald- oder Monatserdbeeren),
250 g weißer Kandiszucker, 0,7 l Weinbrand (40 Vol.-%)

Die Erdbeeren auf einem Sieb abbrausen und gut abtropfen lassen. Die Früchte von den Kelchblättern befreien und in eine heiß ausgespülte, gut abgetropfte weithalsige Twist-off-Flasche füllen. Den Kandiszucker zufügen, den Weinbrand angießen. Die Flasche verschließen und die Mischung etwa 6 Wochen an einem kühlen Ort durchziehen lassen. Dann die Flüssigkeit durch ein feines Sieb oder ein sauberes Tuch seihen und in dekorative Flaschen umfüllen. Erneut 2 Wochen an einem kühlen Ort ruhen lassen.

Holunderlikör

Ergibt etwa 1 1/4 Liter

700 g Holunderbeerendolden, 1 Vanilleschote, 150 g weißer Kandiszucker,
0,7 l Korn (32 Vol.-%)

Die Holunderbeerendolden abbrausen und abtropfen lassen. Die Beeren von den Stielen streifen und in ein heiß ausgespültes, gut abgetropftes Twist-off-Glas von 1 1/2 Litern füllen. Die aufgeschlitzte Vanilleschote und den Kandiszucker zufügen. Den Korn angießen, das Glas verschließen und die Mischung 6 Wochen an einem kühlen Ort durchziehen lassen. Zwischendurch hin und wieder schwenken. Dann die Flüssigkeit durch ein feines Sieb oder ein sauberes Tuch seihen und in dekorative Flaschen umfüllen.

Tipp

Sie können Holunderlikör auch aus Holundersaft bereiten. Dazu 3/4 Liter Holundersaft mit 250 Gramm Zucker und einer aufgeschlitzten Vanilleschote in einem Topf aufkochen. Abkühlen lassen, mit 0,7 Litern Rum (54 Vol.-%) mischen und in einer verschlossenen Flasche an einem kühlen Ort 4 Wochen durchziehen lassen. Dann die Vanilleschote entfernen.

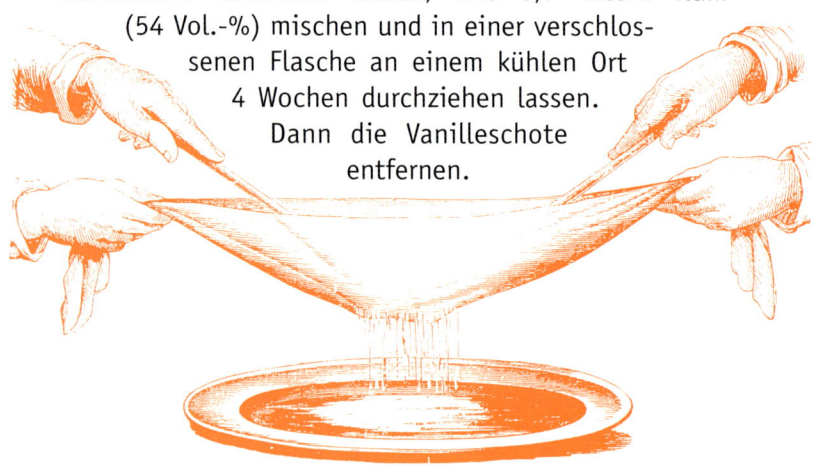

Quittenlikör

Ergibt etwa 1 Liter

*1 kg Quitten, 400 g Feinster Zucker, Saft von 1 Zitrone, Saft von 1 Orange,
0,7 l Doppelkorn (38 Vol.-%)*

Die Quitten mit einem Tuch abreiben, vierteln, Blüten- und Stielansätze entfernen. Die Fruchtstücke auf der Rohkostreibe in eine Schüssel reiben und diese Masse mit Zucker verrühren. Über Nacht zugedeckt durchziehen lassen. Das Fruchtfleisch am nächsten Tag mit den Zitrussäften vermischen, in ein heiß ausgespültes, gut abgetropftes Twist-off-Glas von 1 1/2 Litern füllen, den Doppelkorn angießen und gut umrühren. Das Glas verschließen und die Mischung an einem hellen Ort bei Zimmertemperatur 4 Wochen durchziehen lassen. Zwischendurch gelegentlich schwenken. Dann die Flüssigkeit durch ein feines Sieb oder ein sauberes Tuch seihen und in dekorative Flaschen umfüllen.

Übrigens

Quitten waren schon in der Antike bei Griechen und Römern beliebt, die sie nach ihrer Herkunft „kretischer Apfel" nannten. Es gibt zwei Quittenarten, die sich durch ihre äußere Form unterscheiden: Apfel- und Birnenquitten. Die Letzteren sind weicher und saftiger. Die aromatisch duftenden Früchte sind wegen ihres herben Geschmacks und des holzigen Fruchtfleischs nicht zum Rohessen geeignet, zum Zubereiten von Kompott und Likör eignen sie sich aber perfekt.

Zitronenlikör

Ergibt etwa 1 3/4 Liter

2 unbehandelte Zitronen, 1 kleine unbehandelte Orange, 1 1/2 l Weingeist (96 Vol.-%),
250 g weißer Kandiszucker

Die Zitronen und die Orange heiß abwaschen und trockenreiben. Die Schalen ohne das Weiße dünn abschälen und in sehr feine Streifchen schneiden. In ein heiß ausgespültes, abgetropftes Twist-off-Glas von 1/2 Liter geben. 1/2 Liter Weingeist angießen, umrühren und das Glas verschließen. Die Mischung bei Zimmertemperatur etwa 4 Wochen durchziehen lassen.

Danach 1/8 Liter Wasser mit dem Kandiszucker in einem Topf unter ständigem Rühren so lange köcheln lassen, bis sich der Zucker gelöst hat. Die sirupartige Flüssigkeit abkühlen lassen und zusammen mit dem restlichen Weingeist zur Zitronen-Weingeist-Mischung geben. Umrühren, in dekorative Flaschen füllen und diese gut verschließen. Noch 2 Wochen ruhen lassen.

Variante

Auf die gleiche Weise können Sie Orangenlikör herstellen. Dazu nehmen Sie 6 unbehandelte Orangen.

Übrigens

Weingeist hat einen Alkoholgehalt von 96 Vol.-%, ist also fast reiner Alkohol. Er ist nur in begrenzter Menge erhältlich, und zwar ausschließlich in Apotheken.

Mangolikör

Ergibt etwa 1/2 Liter

1 Mango (ca. 400 g), 1 Vanilleschote, 120 g weißer Kandiszucker,
1/4 l weißer Rum (38 Vol.-%)

Die Mango schälen, das Fruchtfleisch in Spalten vom Stein schneiden und zusammen mit der aufgeschlitzten Vanilleschote in ein heiß ausgespültes, gut abgetropftes Twist-off-Glas von 1 Liter füllen. Den Kandiszucker zufügen, den Rum angießen, das Glas verschließen und die Mischung etwa 6 Wochen an einem warmen Ort durchziehen lassen. Dann die Flüssigkeit durch ein feines Sieb oder ein sauberes Tuch seihen und in dekorative Flaschen umfüllen. Weitere 2 Wochen ruhen lassen.

Variante

Statt der Vanilleschote 1 Stück geschälte, fein gehackte Ingwerwurzel (ca. 2 Zentimeter) mit dem Kandiszucker in die Flasche geben.

Übrigens

Mangos sind länglich runde, überaus aromatische und nahrhafte tropische Steinfrüchte. Die reifen Früchte haben eine rotgelbe Schale und geben auf Fingerdruck nach (eventuell bei Zimmertemperatur nachreifen lassen). Das Fruchtfleisch ist leuchtend gelb und in der Nähe des Kerns etwas faserig. Man bekommt Mangos das ganze Jahr über.

Frischer Sommerlikör

Ergibt etwa 1 Liter

Je 20 g frische Kräuter (Salbei, Basilikum, Rosmarin, Oregano oder Majoran),
1/2 l Weingeist (96 Vol.-%), 1 unbehandelte Zitrone, 500 g weißer Kandiszucker

Die Kräuter abbrausen und trockenschwenken, die Blättchen abzupfen und in ein Twist-off-Glas von 1 1/2 Litern geben, dann Weingeist angießen. Zugedeckt bei Zimmertemperatur 10 Tage ziehen lassen. Am 11. Tag die Zitrone abwaschen, trockenreiben, die Schale ohne das Weiße sehr dünn abschälen, in feine Streifchen schneiden und zu den Kräutern geben; gut umrühren. Am 13. Tag den Kandiszucker mit 1/2 Liter Wasser in einem Topf aufkochen, bei kleiner Hitze dickflüssig einkochen, abkühlen lassen und zu der Kräuter-Weingeist-Mischung geben. Den Likör im verschlossenen Glas über Nacht ruhen lassen, dann durch ein feines Sieb oder ein sauberes Tauch seihen, in dekorative Flaschen füllen und 2 Monate an einem kühlen und luftigen Ort durchziehen lassen.

Nusslikör

Ergibt etwa 2 Liter

50 grüne Walnüsse (um den 1. Juli geerntet), 2 l Weingeist (96 Vol.-%),
500 g brauner Kandiszucker, 8 g Zimt, 8 g Gewürznelken, 8 g Piment (Nelkenpfeffer)

Die Walnüsse waschen, trockentupfen und mit einem scharfen Messer in dünne Scheiben schneiden. Die Nüsse in ein großes Glas oder einen Steintopf geben, mit dem Weingeist begießen, mit einem Deckel zudecken und 2 Monate an einen warmen Ort stellen. Zwischendurch gelegentlich umrühren. Dann die Flüssigkeit durch ein feines Sieb oder ein sauberes Tuch seihen. 1/4 Liter Wasser in einem Topf erhitzen, den braunen Kandiszucker zufügen und so lange unter Rühren kochen, bis er sich gelöst hat. Die Nussflüssigkeit und die Gewürze zufügen und umrühren, dann in Flaschen gießen und diese verschließen. Bei Zimmertemperatur weitere 8 Tage ruhen lassen. Danach den Nusslikör durch ein feines Sieb oder ein Tuch seihen und in dekorative Flaschen füllen.

Übrigens

Unter grünen Nüssen versteht man unreife Walnüsse. Um sie für dieses Rezept zu verwenden, muss der innere Kern bereits vorhanden sein, während die Umhüllung desselben, die spätere harte Schale, noch vollständig weich ist. Diese Eigenschaft hat die Frucht ungefähr um den 1. Juli herum. Ob der Reifegrad richtig ist, lässt sich mit einer Nadel testen, die leicht durch die ganze Frucht zu stechen sein sollte.

Weihnachtslikör

Ergibt etwa 1 Liter

*2 unbehandelte Orangen, je 10 g Zimt-, Anis-, Koriander-, Muskatblüten-, Kardamompulver,
3 g Ingwerpulver, 5 Gewürznelken, 0,7 l Wodka (40 Vol.-%), 250 g Einmachzucker*

Die Orangen heiß waschen, trockenreiben, die Schale ohne das Weiße dünn abschälen und in hauchdünne Streifchen schneiden. Die Orangenschale mit den Gewürzen in ein heiß ausgespültes, gut getrocknetes Twist-off-Glas von 1 Liter füllen. Den Wodka angießen und durch Schwenken mit den Gewürzen vermischen. Das Glas verschließen und die Mischung bei Zimmertemperatur 4 Wochen ruhen lassen. Zwischendurch hin und wieder schwenken. Den Einmachzucker mit 100 Millilitern Wasser in einem Topf unter Rühren etwa 10 Minuten kochen, bis er sich gelöst hat. Die Wodkamischung mit der Zuckerlösung verrühren, in eine Flasche umfüllen, verschließen und nochmals 3 Wochen ruhen lassen. Dann die Flüssigkeit durch ein feines Sieb oder ein sauberes Tuch seihen und in dekorative Flaschen umfüllen.

Tipp
Dieser Likör bekommt eine appetitliche Farbe, wenn Sie ihm 2–3 Tröpfchen Zuckercouleur zufügen.

Übrigens
„Wodka" stammt aus dem Russischen und heißt übersetzt „Wässerchen". Er ist in der Tat wasserklar, schmeckt sehr rein und neutral. Der Alkoholgehalt liegt zwischen 40 und 50 Vol.-%. Wodka kann aus Roggen, Gerste, Weizen oder Kartoffeln gebrannt werden.

Ingwerlikör

Ergibt etwa 3/4 Liter

100 g frische Ingwerwurzel, 150 g weißer Kandiszucker, 0,7 l Wodka (40 Vol.-%)

Den Ingwer dünn schälen, in feine Scheibchen schneiden und in ein heiß ausgespültes, gut abgetropftes Twist-off-Glas von 1 Liter geben. Den Kandiszucker zufügen, den Wodka angießen und das Glas verschließen. Bei Zimmertemperatur etwa 2 Wochen durchziehen lassen. Dann die Flüssigkeit durch ein Sieb gießen. Die aufgefangenen Ingwerscheiben in einen Topf geben, 4 Esslöffel Wasser zufügen, einmal aufkochen und abkühlen lassen. Die Wodkaflüssigkeit wieder zugießen, mit dem Ingwer verrühren, in eine Flasche füllen und diese verschließen. Die Mischung bei Zimmertemperatur 4 Wochen durchziehen lassen. Dann die Flüssigkeit durch ein feines Sieb oder ein sauberes Tuch seihen und in dekorative Flaschen umfüllen.

Übrigens

Ingwer stammt ursprünglich aus dem südost-asiatischen Raum, wächst aber jetzt fast überall, wo subtropisches Klima vorherrscht. Der knollenartige Wurzelstock einer Schilf-staude hat einen scharfen, zitronigen Geruch und Geschmack. Er wird frisch, in Sirup eingelegt, kandiert, getrocknet und als Pulver angeboten. Ingwerlikör schmeckt nicht nur gut, er ist auch eine Wohltat für den Magen.

Vanillelikör

Ergibt etwa 3/4 Liter

5 Vanilleschoten, 130 g weißer Kandiszucker,
0,7 l Wodka (40 Vol.-%)

Die Vanilleschoten der Länge nach aufschlitzen und in eine heiß ausgespülte, gut abgetropfte weithalsige Twist-off-Flasche geben. Den Kandiszucker zufügen. Den Wodka
angießen, die Flasche verschließen und kräftig schütteln. Den Likör bei Zimmertemperatur 3 Wochen durchziehen lassen. Zwischendurch gelegentlich schwenken. Dann die
Flüssigkeit durch ein feines Sieb oder ein sauberes Tuch seihen und in dekorative
Flaschen umfüllen. Verschließen und kühl und luftig aufbewahren.

Übrigens

Die Vanille stammt aus Mexiko und ist die Königin der Gewürze. Die Samenschoten einer
lilienhaft wachsenden Kletterorchidee enthalten das typisch aromatische Fruchtmark.
Mit Vanille können auch fruchtige Liköre gewürzt werden.

Orangenbrandy

Ergibt 3/4 Liter

2 saftige Orangen, 150 g Zucker, 1 Stück Zimtstange, 0,7 l Weinbrand (40 Vol.-%)

Die Orangen schälen, die Früchte mit einer Nadel mehrmals einstechen und in ein ausreichend großes Twist-off-Glas geben. Zucker und Zimtstange zufügen, den Weinbrand darüber gießen. Das Glas verschließen und die Mischung an einem dunklen, kühlen Ort etwa 6 Wochen durchziehen lassen, dabei täglich einmal schwenken. Dann die Orangen herausnehmen, den Saft auspressen und zurück in das Glas gießen. Den Brandy durch ein feines Sieb oder ein sauberes Tuch seihen und in dekorative Flaschen füllen. Noch einmal 3 Wochen ruhen lassen.

Übrigens
Weinbrand ist die deutsche Bezeichnung für einen Branntwein, der ausschließlich aus Wein destilliert wird. Er wird aus Trauben einer ausgewählten Rebsorte hergestellt und muss mindestens 6 Monate in Eichenfässern gelagert haben, alter und uralter Weinbrand sogar mindestens 1 Jahr.

Beerenweinbrand

Ergibt 3/4 Liter

je 200 g Rote und Schwarze Johannisbeeren, 200 g reife Himbeeren,
250 g Zucker, 0,7 l Weinbrand (40 Vol.-%)

Die Johannisbeeren auf einem Sieb abbrausen, gut abtropfen lassen und von den Stielen streifen. Die Himbeeren mit einem sauberen Tuch abtupfen. Alle Beeren in ein heiß ausgespültes und abgetropftes Twist-off-Glas von 1 Liter füllen. Den Zucker mit 1 Tasse Wasser in einem Topf unter Rühren erhitzen, bis er sich gelöst hat. Die Flüssigkeit leicht abkühlen lassen und über die Früchte gießen. Den Weinbrand angießen und das Glas verschließen. Die Mischung an einem kühlen und luftigen Ort 6 Wochen durchziehen lassen, zwischendurch hin und wieder schwenken. Danach durch ein feines Sieb oder ein sauberes Tuch seihen und in dekorative Flaschen füllen.

Tipp

Die beim Abseihen zurückbleibenden Früchte können Sie pürieren und z.B. zu Vanille- oder Grießflammeri reichen. Das Püree lässt sich auch sehr gut in Eiswürfelbereitern einfrieren. Zum Verwenden die entsprechende Portion herausnehmen und verarbeiten.

Erdbeerrum

Ergibt etwa 1 Liter

500 g reife Erdbeeren, 1/2 l weißer Rum (40 Vol.-%)

Die Erdbeeren auf einem Sieb abbrausen, gut abtropfen lassen und von Kelchblättern befreien. In einer Schüssel mit dem Pürierstab zerkleinern. Das Püree zusammen mit dem Rum in ein heiß ausgespültes, gut abgetropftes Twist-off-Glas von 1 Liter füllen und verschließen. Die Mischung an einem kühlen und luftigen Ort 5 Tage durchziehen lassen. Danach den Rum abseihen, indem das Püree durch ein sehr feines Sieb oder ein sauberes Tuch gegeben wird (nicht ausdrücken). Den abgelaufenen Erdbeerrum in eine Twist-off-Flasche füllen, diese sehr gut verschließen und liegend aufbewahren.

Tipp

Dieser Erdbeerrum ist als Grundlage für Punsch, Eiscremes und Dessertsaucen wunderbar geeignet. Auf die gleiche Weise kann man auch Himbeer- oder Brombeer- rum herstellen.

Wacholderschnaps

Ergibt etwa 1/2 Liter

40 g getrocknete Wacholderbeeren, 1/2 l Gin (40 Vol.-%)

Die Wacholderbeeren in einem Mörser fein zerstoßen und in eine heiß ausgespülte, gut abgetropfte Twist-off-Flasche geben. Den Gin angießen, die Flasche verschließen und bei Zimmertemperatur 2 Wochen durchziehen lassen. Danach die Flüssigkeit durch ein feines Sieb oder ein sauberes Tuch seihen, in eine dekorative Flasche umfüllen und diese verschließen. Die Mischung an einem kühlen und luftigen Ort weitere 3 Monate ruhen lassen, bis die Flüssigkeit klar ist.

Tipp
Für die Zubereitung von Wacholderschnaps sollten Sie darauf achten, dass Sie keine zu alten, d.h. „schrumpeligen" Wacholderbeeren verwenden.

Johannisbeer-Aufgesetzter

Ergibt etwa 1 Liter

*Je 500 g Schwarze und Weiße Johannisbeeren, 1 Vanilleschote,
250 g weißer Kandiszucker, 0,7 l Korn (32 Vol.-%)*

Die Johannisbeeren auf einem Sieb abbrausen, gut abtropfen lassen und von den Stielen streifen. Die Vanilleschote mit einem spitzen Messer längs aufschlitzen und quer halbieren.
Die Beeren zusammen mit der Vanilleschote und dem Kandiszucker in ein heiß ausgespültes, gut abgetropftes Twist-off-Glas von 1 1/2–2 Litern füllen.
Den Korn angießen, das Glas verschließen und 6–8 Wochen stehen lassen. Zwischendurch hin und wieder schwenken. Danach den Aufgesetzten durch ein feines Sieb oder ein sauberes Tuch seihen, in dekorative Flaschen füllen und noch 1–2 Wochen ruhen lassen.

Variante
Statt Johannisbeeren können Sie auch Walderd-beeren oder Heidelbeeren verwenden.

Übrigens
Das ist der echte Aufgesetzte, der in Westfalen noch in vielen Familien traditionell zubereitet wird.

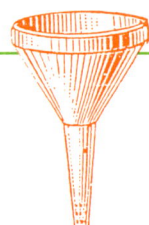

Pfirsich-Aufgesetzter

Ergibt 1 Liter

1 kg Pfirsiche, 5 Gewürznelken, 2 Zimtstangen, 250 g weißer Kandiszucker,
0,7 l Weinbrand (40 Vol.-%)

Die Pfirsiche in einer großen Schüssel mit kochendem Wasser übergießen, mit einer Schaumkelle herausnehmen, häuten, halbieren und entsteinen. Vier Steine mit einem Hammer aufklopfen und die Kerne herausnehmen. Die Pfirsichhälften und -kerne mit Nelken, Zimt und Kandiszucker in ein heiß ausgespültes, gut abgetropftes Twist-off-Glas von 1 1/2–2 Litern füllen. Weinbrand angießen, bis die Früchte ganz von Flüssigkeit bedeckt sind. Das Glas verschließen und für 6 Wochen an einen kühlen und luftigen Ort stellen. Dann den Aufgesetzten durch ein feines Sieb oder ein sauberes Tuch seihen und in dekorative Flaschen füllen.

Limonen-Melonen-Aufgesetzter

Ergibt etwa 3/4 Liter

*1 Galia- oder Kantalupe-Melone (ca. 1,2–1,5 kg), 2 unbehandelte Limetten,
ca. 2 cm Ingwerwurzel, 250 g weißer Kandiszucker, 0,7 l Korn (32 Vol.-%)*

Die Melone halbieren, die Kerne herausschaben. Das Fruchtfleisch aus der Schale schneiden und würfeln. 1 Limette waschen, trockenreiben und samt Schale in Scheiben schneiden. Den Ingwer dünn schälen und in feine Scheibchen schneiden. Die Früchte und den Ingwer in ein heiß ausgespültes, gut abgetropftes Twist-off-Glas von 1 1/2 Litern schichten. Von der zweiten Limette den Saft auspressen. Den Kandiszucker mit dem Limettensaft und etwas Korn in einem Topf unter Rühren erwärmen, bis er sich gelöst hat. Diese Flüssigkeit und den restlichen Korn über die Früchte gießen. Das Glas verschließen und die Mischung an einem kühlen und luftigen Ort 6 Wochen durchziehen lassen. Zwischendurch mehrmals schwenken. Den Aufgesetzten durch ein feines Sieb oder ein sauberes Tuch abseihen und in dekorative Flaschen füllen.

115

Verzeichnis der Rezepte

Marinierte Antipasti und eingelegter Käse

Eingelegtes Obst und Gemüse

Würzige Essige, feine Öle und Pestos

Früchte in Alkohol

Liköre, Schnäpse und Aufgesetzte